口の中の不安がすべて
解消して、人生が変わる!

歯科医療の最後の砦

「ザイゴマインプラント」

ZYGOMA IMPLANT

おおたわ歯科医院理事長
オールオン4ザイゴマクリニック院長
大多和 徳人 著

かざひの文庫

はじめに

ナルト先生こと私、大多和徳人《おおたわなると》は、オールオン4ザイゴマの専門医師になるため生まれてきました！

皆様、こんにちは。おおたわ歯科医院理事長、オールオン4ザイゴマクリニック院長の大多和徳人です。この本は、歯のことでお悩みの方に「オールオン4」や「ザイゴマインプラント」という治療法があることを知っていただきたく、上梓いたしました。本書にて、オールオン4やザイゴマインプラント、歯のお悩みについてわかりやすく解説していこうと思います。その前に、私についても知っていただきたく、まずは簡単に経歴を紹介します。

私は、九州大学・歯学部を卒業後、九州大学・大学院・顔面口腔外科に入局しました。

大学院時代は日中は患者様の治療に専念しつつ、夜になると骨の研究もするような毎日でした。大学院を卒業後は、大分岡病院・顎顔面外科にてさらに研鑽を積み、その後、父親の歯科医院を承継することとなりました。それに加え、これまで培ってきた口腔外科の手技やオールオン4の技術、最新のＣＡＤの知識を組み合わせて、それらを高いレベルで昇華すべく、新たにオールオン4ザイゴマクリニックを開設し、今に至ります。

私が歯科医師を志したのは、やはり父親が歯科医師をしていたことが大きかったです。中学、高校と自分が成長していく中、父親が懸命に歯科医師として働く姿を、目の当たりにしていました。当時の自分は、自分の全てをかけて何かひとつの事業に打ち込みたいと漠然と考えていました。それと同時に、大学を選択しなければならないという現実もあり、自分の生涯をかける仕事として、歯科医師というものを選ぶのも悪くないかなと思い、やや消極的に志したものの次第にどっぷり心血を注ぎこむほど、歯科治療の深淵にのめり込んでしまった訳です。

そんな経緯で今に至ります。オールオン4の患者様の場合、どうしても人に言えないような深い悩みを抱えている方も多く、そのような方でも、手術後にはしっかり自信を持てて、ニッコリ満面で笑えるようになる…そんな姿を想像しつつ日々、治療に臨んでいます。

おかげさまで現在、オールオン4ザイゴマクリニックには地元・福岡に限らず、九州、東京・大阪をはじめ全国から、そして海外からも患者様に来ていただいております。歯が全部揺れる、全部ボロボロになったなど、悩みの深度の深い方に選ばれてご来院いただいています。だからこそ精一杯、そのような方でも満面の笑顔になれるお手伝いをさせていただけたらと考えております。

壊し屋から修理屋に進化

今だからわかるのですが、自分が「オールオン4」や「ザイゴマインプラント」の専門医師になるのは、宿命だったような気がしています。どちらも特殊な悩みに対する特殊な治療でした。オールオン4とザイゴマインプラントを組み合わせた「オールオン4ザイゴマ」は、壊滅的な口腔内の状況でも歯・歯茎・骨から病巣を一度分断し、インプラントを用いて再構成し一新させる革新的な歯科治療法です。これは私が歩んできた人生と重なる部分があるのです。母から聞いた話ですが、私がまだ小さい時から家の中で壊れた電化製品などがあると分解して修理していたそうなんです。とにかく一度自分で分解して、中の状況を確かめては何かを繋いで確認する。それでもだめなら、また分解して違う部分を繋いで確認すると。

もともと幼児の時から、プラスドライバーとマイナスドライバーがお気に入りで、合うネジを見付けては、何でも分解してしまっていたそうで…。

母親は、新しいオモチャを買ってあげても、何でも分解してバラバラにしてしまう自分を見かねて、怒って禁止しようとしたそうなんですけれど、手伝いで来てくれていたおばさんが「分解させてあげてください。才能の成長を止めては駄目です」と反対してくれたそうです。その言葉を理解して放置してくれた母親もすごいと思いますが、おかげ様で、その後も「何でも分解」人生まっしぐらでした。

すると、5、6歳頃に、転機が訪れたのです。母親の壊れたドライヤーを、分解するだけではなく、故障個所を特定して直し、また使えるように戻したのです。長年、何でも分解してきて、構造を理解する目が養われていたおかげかもしれません。手伝いのおばさんと母親には本当に感謝しています。

それ以降「何でも壊し屋」から「何でも修理屋」に進化できました。今でも修理は大好きで、先日も当院の秘書のノートパソコンを修理しました。彼女がノートパソコンを鞄の中に入れていたら、ペットボトルの蓋がゆるんでいて水浸しになり液晶モニターが映らない状態に。分解するとディスプレイモジュールが駄目になっていただけで、基盤が動いているのを確認できたので、ノートパソコンからベゼルを外しディスプレイモジュールだけ換装して修理できました。

さらに修理屋から改造屋に

そして、いつしか「修理屋」だけでは飽き足らず、さらに進化して「改造屋」になっていました。大学時代は自身の中古車のホイール交換を皮切りに、ブレーキ交換やフルード交換(エア抜きも!)。バックカメラの増設は当然で、いかに配線が美しくなるかにこだわり、車内の内装を丁寧に外していました。大学院時代は骨の改造とも言うべき「骨の再生、造成」の研究に没頭しました。骨造成治療でこだわったのはいかに精密で美しい形状の骨を造るかということでした。このためにコンピューターと3Dプリンターを駆使し、あらかじめ計算された造成骨を逆算して手術に臨むことを想定していました。

大学院卒業後は、関連病院への出向となり大分岡病院へ。交通事故や喧嘩などで骨折した患者様が救急車で運ばれてくるような急性期病院の顎顔面外科でした。私の所属する口腔外科チームと形成外科チームで事故で損傷を受けた患者様の骨の修復治療を行っていました。その後、父親の歯科医院を継ぐことになり、また転機が訪れました。それが「オールオン4」であり「ザイゴマインプラント」との出会いです。

オールオン4ザイゴマの専門医師に

当時はまだ確立していなかった技術「オールオン4」や「ザイゴマインプラント」のコンセプトを知った時、これは歯科治療に革命を起こせる技術だと確信しました。これは、自分の歯科医師人生を全部賭けてもよい画期的な技術だと。「オールオン4」に「オールイン（全財産を投機）」した訳です（笑）。

この「オールオン4ザイゴマ」はこれまで主流とされていた骨を再生させる骨造成治療の代わりに、骨を再生させずに人が従来持っている骨と長いインプラントだけで全ての歯をコンピューターでまとめて再建する治療法です。つまり、自分が今まで極めてきた「骨の再生」の研究や治療を全否定するような治療になります。しかし、骨を極めてきたからこそ、「骨再生の限界」も感じていました。

もし、「オールオン4」という、人が従来持っている骨だけで治療する方法と「ザイゴマインプラント」という、長いインプラントを用いる治療を組み合わせて、「CAD（キャド）」というコンピューターデザインで全ての歯を設計することができれば、全ての患者様の悩みに応えることができるかもしれないということに気付きました。

この、「オールオン4」と「ザイゴマインプラント」と「CAD」は歯科の世界ではそれぞれ対極にある技術なのです。しかしながら、私は歯科医師として人生を歩む過程で、この対極である技術全てを専門的に学ぶことができました。

結果、私は「オールオン4ザイゴマ」の専門医師となり、この分野のフロントランナー（先駆者）になることができました。そして今では治療法を完全にマスターし、精度向上だけにとどまらず、自分の中の「改造屋」の血が騒ぎ、治療法の改良にも余念がありません。

元の状態や機能に戻すだけでなく、その一歩先を想定

「オールオン4ザイゴマ」は画期的な治療です。歯がボロボロや前歯がぐらぐらする症状を1日で治せるだけではありません。実はこのような重度歯周病で悩まれる患者様の多くがいわゆる「受け口」といった顎変形症も患っている方が多いです。私の場合、口腔外科医としての経験もあり、重度歯周病に伴う

「受け口」の矯正治療も積極的に行っています。元の状態や機能に戻すだけでなく、その一歩先を想定し、より使いやすい・より話しやすい・より骨格に合ったような歯を目指しています。そのような患者様が思い描く理想の状態を叶える医療…それを可能にするのが、当院の「オールオン4ザイゴマ」だと思っております。

私は神に導かれたように「オールオン4」と「ザイゴマインプラント」と「CAD」と出会い、それらをより高いレベルで組み合わせてこの治療を完成させました。したがって、私にとって「オールオン4ザイゴマ」治療を広めることは宿命であると感じています。

100人の患者様がいたら100通りの骨の形があります。同じで、100人の歯科医師がいたら100通りの治療法があります。したがって、どのような患者様にもザイゴマインプラントを用いて容易に治療ができるコンセプトが必要だと考えました。そして完成させたのが、イージー4コンセプトです。イージー4コンセプト（EZ4 concept）は最大4本のザイゴマインプラントを用いてシンプルに歯と歯茎を全て人工のものにするコンセプトです。

CONTENTS

第②章 「オールオン4ザイゴマ」を推す理由

第3章 オールオン4ザイゴマの治療の流れ

第④章 当院のオールオン4ザイゴマのこだわり

第1章

オールオン4ザイゴマって知っていますか?

そもそもインプラントとは？

入れ歯が合わず、痛くてお肉が食べられません

最近、入れ歯が痛くて食事が楽しめないんです。

食事は人生の最大級の楽しみですよね。そもそも入れ歯は、加齢で歯茎が後退すると合わなくなってくるんです。

高齢者は健康のため、お肉を積極的に食べたほうがよいと言われますが、私は固いものが食べられないので、ついつい避けてしまいます。これを機に、入れ歯からインプラントに変えたほうがいいでしょうか？

インプラントに変えると、入れ歯のようなズレによる痛みがなく、自分の歯のように、固い食べ物を噛みしめることができるようになります。でも、失った歯が多い患者さんは、埋め込むインプラントの数が多くなり、費用もかさみ、治療期間も長くなってしまいます。

やっぱり定期的に入れ歯を造り替えるしかないんでしょうか？

いいえ、インプラントの究極進化版とも言える「オールオン4ザイゴマ」という治療法がオススメです。まずは、その基盤となる「インプラント治療」について知っておきましょう。

入れ歯のデメリットを解決したインプラント治療

「オールオン4ザイゴマ」を紹介する前に、そのベースとなる基礎的な技術「インプラント」についてご紹介したいと思います。

入れ歯のデメリット

年齢を重ねていくと義歯（入れ歯やブリッジなど）を使う方が多くなります。その中でも大規模な部分入れ歯や総入れ歯の場合、「入れ歯が痛い」というような悩みを持つ方が多くなります。また、固いものを食べることに不安を感じてしまう方もいます。

従来からの歯科治療法「入れ歯」は、加齢などによる歯茎の退縮や口腔内環境の変化により、次第に合わなくなります。入れ歯は一度の治療で終わりではなく、何度も治療が必要になりますし、なにより日々の手入れも手間がかかります。「ガタガタして歯茎が痛い」「支えとなる歯が揺れて硬い物が噛めない」「きちんと発音ができない」など、合わなくなった入れ歯をしていると、生活の様々な面に影響が及び、ストレスが溜まります。また、合わなくなった入れ歯の使用を続けていると、他の歯への負担も大きくなり、歯が抜けてしまうこともあります。そんなデメリットのある入れ歯の代わりに失った歯を補う（補綴する）治療法のひとつとして「インプラント治療」が生まれました。インプラントは、天然の歯とほとんど変わらない機能と外観を回復できる治療法です。

インプラント治療とは？

インプラント治療は、失われた歯根の代わりにチタン製のインプラント（人工歯根）を顎の骨に埋め込み、その埋め込まれたインプ

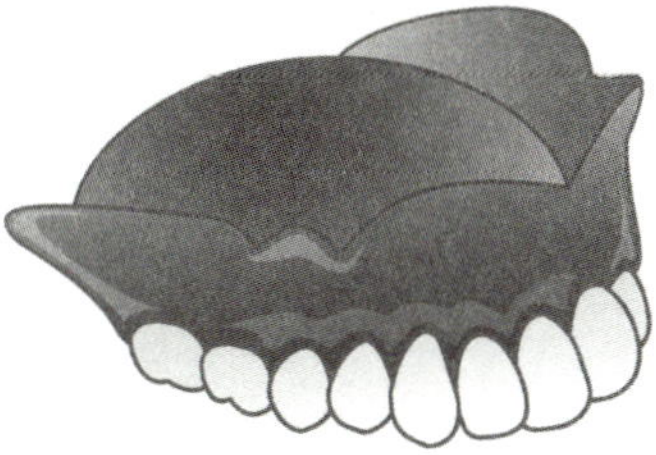

高齢化が進み、当院にも総入れ歯の患者様が数多く訪れます。総入れ歯は比較的短時間で入れられる反面、歯茎の変化などで合わなくなると何度も治療が必要になります。

ラントに人工の歯冠をネジで固定する治療法です。

また、歯を1本失った場合から全部の歯を失った場合まで、幅広いケースに対応可能です。天然の歯と同じように噛むことができ、自然で美しい歯を手に入れることができます。


そんな素晴らしいインプラント治療ですが、苦手分野もあります。総入れ歯など、多くの歯を失っている場合や、顎の骨がない場合です。

従来、全ての歯を失った方にインプラント治療を行う場合、顎の骨がやせていることが多いため、骨造成治療を行い8〜14本のインプラントを埋め込むのが一般的でした。そのため治療期間が2〜3年と長くなり、ブロック毎に施術を行うため、その都度痛みや腫れがあり、さらに費用がかさむという不安要素がありました。

そんなインプラントの弱点を克服する画期的な歯科治療法が、次ページよりご紹介する「オールオン4ザイゴマ」なのです。

オールオン4ザイゴマとは？

大惨事の口腔内をなんとかしたい でも費用も治療期間も抑えたい

仕事や家事が忙しく、虫歯や歯周病を長く放置したせいで多くの歯がボロボロ、ぐらぐらで、大惨事になってしまいました。今流行りのインプラントにしようと思って、他の歯科医院に行ったのですが、インプラントを埋め込む骨が溶けているので、まずは骨造成の治療が必要だと言われてしまい…。期間も全部で2年近くかかり、また本数が多いので費用もすごい金額で…。もう総入れ歯にするしかないんでしょうか？

そうなんですね。通常のインプラント治療だとどうしても費用も期間もかかります。また、噛めるところを残しながら行うため、1ブロック（歯科では口腔内を6ブロックにわけて治療する）ずつしか進められません。すると、都度、痛み・腫れも伴います。

他に何かよい方法はないんでしょうか？　これから部長にもなるのに、歯を抜いたら骨がないから総入れ歯と言われても想像がつきません。

口腔内が大惨事の方にピッタリな革新的な歯科治療法「オールオン4ザイゴマ」がありますよ。他の分野の医学と同じく日進月歩で、歯科治療もすごい進化を遂げているんです。

でも進化しているというのは、何がそんなにすごいんですか？

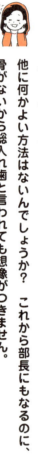

骨がない箇所に骨を造成する必要がなくなります。また、インプラントの本数も最小限で済むため、治療期間も身体的な負担も少なく、費用面でも抑えられます。

最新治療で、費用もお得って、すばらしすぎます！

歯がボロボロなのは、長年がんばり続けてきたアナタの人生の勲章です。その勲章を「オールオン4ザイゴマ」治療で完全に治療することで、さらに誇らしいものになると思います。思いっきり噛みしめて食事ができる楽しさを、また実感してみてください。

もう総入れ歯にするしかないと諦めていたのですが、セカンドオピニオンでこちらの歯科医院に来てよかったです！

口腔内が大惨事の方は、従来の歯科治療では、対応に限界があります。当院はセカンドオピニオンに力を入れていて、他の歯科医院ではお手上げだった患者さんが来られて「オールオン4ザイゴマ」という最新治療があることを初めて知る場合も多いんですよ。

諦めきれず、セカンドオピニオンに来て本当によかったです！

もっと「オールオン4ザイゴマ」という革新的歯科治療の認知度が上がれば、諦めて総入れ歯にせざるをえない患者様が大勢救われるはずです。当院では、ブログや動画で「オールオン4ザイゴマ」の認知度アップに力を入れていますが、今後はさらにがんばりますね！

「総入れ歯」が死語になっている未来を期待しています！

オールオン4ザイゴマなら最小負担で最大メリット

私たちの歯は、長い人生において、様々な治療をしながら使用していきます。つまり、生まれてすぐから中高年に至るまでずっと大事に歯を使い続けます。その人生の過程で、歯を失う方が少なくないのが実情です。虫歯で歯を1本失う方もいれば、歯周病で複数本の歯を失う方もいます。

歯は一生涯、アップデートしながら使い続ける道具

失った歯の代わりに、欠損補綴歯（代わりとなる義歯）の治療が必要となります。ブリッジや入れ歯、そしてインプラントがそれに

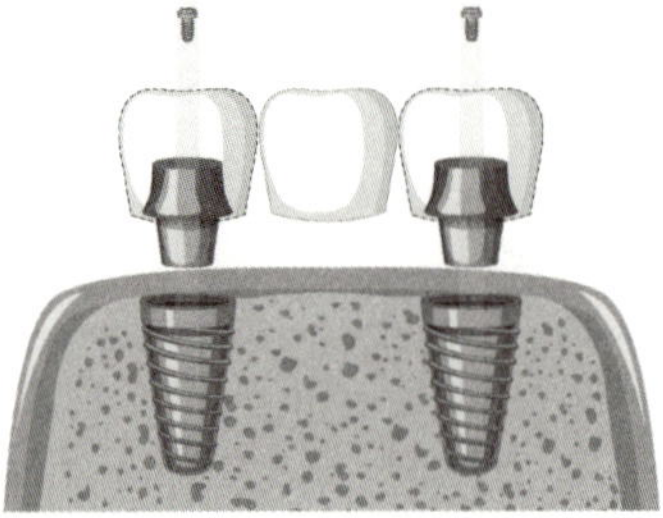

インプラントブリッジは固定式。

あたります。しかしながら、ブリッジは隣の歯を削る、入れ歯は使い心地がよくない、インプラントは本数が多いと費用がかさむ、と悩ましい点がそれぞれにあります。

そして患者様の中には「仕事が忙しかった」「歯医者に行くのが嫌だった」と、歯を失った後や歯周病の治療を進めないまま、全部の歯がボロボロ、ぐらぐらになってしまう方もいます。そんな歯の状態が全体的に悪い方が、いざ全部の歯をきちんと治療したいと思った時、救世主となる治療法が「オールオン4ザイゴマ」なのです。

4本だけのインプラント、最小負担でOK

オールオン4は、実は歯科医療界では20年以上も前からよく知られている言葉であり、画期的な治療法です。各分野の医学と同じく歯科医療も、白い詰め物や被せ物をはじめ、全ての分野で皆様が想像する以上に劇的な進化を続けています。その代表格が、インプラント治療の進化系とも言うべき「オールオン4」治療なのです。

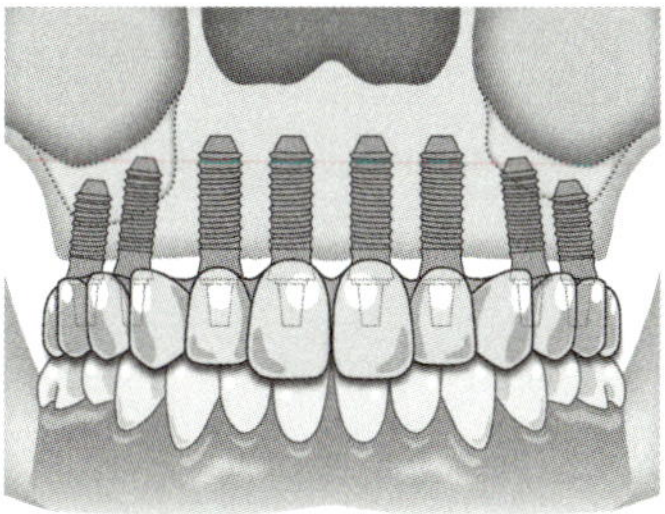

総インプラントだと本数が多くなる。

オールオン4の最大の特長はその名の通り、たった4本のインプラントだけで、上または下の12本の歯列全体を支えることにあります。なお、これが5本や6本になると、オールオン4ではありません。

ではなぜ4本にこだわるのか。答えは簡単です。4本だけのインプラントこそが、もっとも美しく機能的なインプラントの上部構造を造ることができるからです。当院ではどのような症例に対しても4本だけインプラントによるオールオン4で対応してきました。オールオン4こそが、最小の負担で、最大の効果を発揮できる治療法なのです。

インプラントの前治療～骨造成治療が不要

オールオン4が従来のインプラント治療より優れる点として「骨造成治療を必要としない」ことがあります。

従来のインプラント治療では、歯槽骨の硬いところを狙ってインプラントを埋め込む治療を行います。なので、骨が足りない場合は、自家骨や他家骨などを填入して骨を増量する前治療が必要となります。骨がなくなった部位に骨を新たに足す治療となるため、痛みや腫れが出やすい治療になります。

広範囲なインプラント治療の場合、インプラント治療を予定する各部位に前治療が必要となるため、その部位ごとに痛み・腫れが伴います。また、骨造成治療が完成するのに2年〜3年ほどかかります。

ですがオールオン4の場合、骨の硬いところを狙ってインプラント治療を行うため、インプラントの前治療や負担が全て不要になるのです。なお、たとえ骨の硬いところがない方でもご心配無用です。その場合、ザイゴマインプラントを用いた「オールオン4ザイゴマ」にて対応していきます（詳しくは次項にて）。

12本分の歯の他「歯肉」も成形

オールオン4と従来のインプラントの違いとして、オールオン4の場合、12本分の歯の他（レアケースとして10本や14本になること

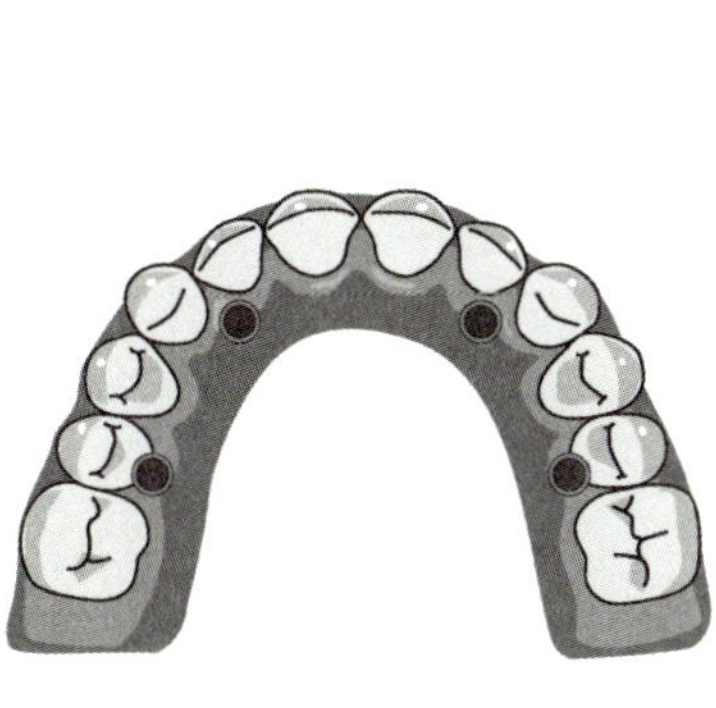

オールオン4の仮歯ならびに本歯は基本的に「12本分の歯と歯肉」から構成されます。

もあり）、「歯肉（歯茎）」も一緒に成形することにあります。従来のインプラントの場合、インプラントの上部構造は「歯」だけですが、オールオン4の場合、上部構造は「12本分の歯と歯肉」となるのです。

歯と一緒に歯肉も造るメリットは計り知れません。虫歯はもちろん歯周病の悩みは、その後一切なくなります。つまり、虫歯を原因とする歯の痛みや滲みの他、歯周病を原因とする歯茎の腫れや歯のぐらつき、口臭から完全に解放されるということになります。今までこれらが原因でお悩みだった方にとっては夢のようなお話かもしれません。

白く輝く歯と整った歯並びまで手に入る

また一番のメリットとして、残った歯との調和を考えながら部分的に治すインプラント治療と違い、一挙に歯列全体12本の歯を造るため「理想の歯や歯並び」が全て手に入ります。従来のインプラン

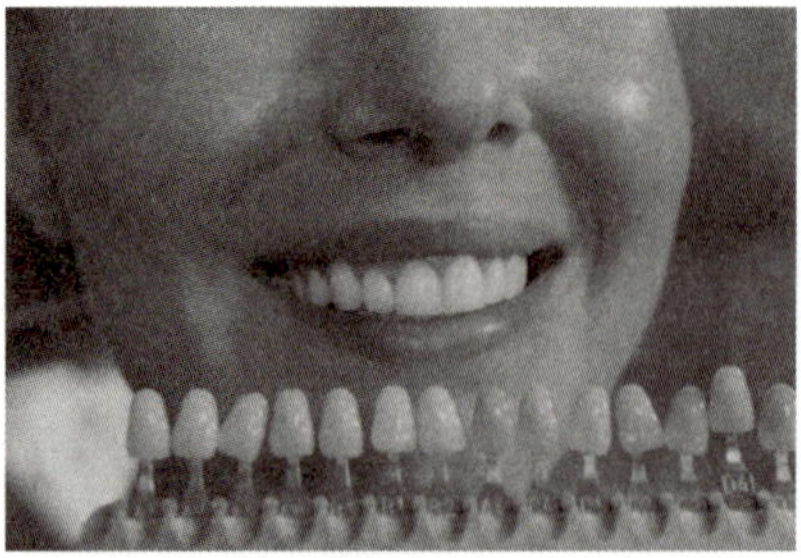

オールオン4 なら、
全て白い歯も可能。

ト治療では、全体で歯の色や形を揃えるのはなかなか難しいことですが、当院のオールオン４ザイゴマなら可能です。自分の好みの歯の色や形をチョイスすることができます。

つまり、明るい歯を選んだ方は、将来のホワイトニングさえも不要な、永遠の白い歯を手にしたことを意味するのです。そして同時に、理想の歯並びにすることまで可能です。コンピューターで全ての歯を設計するので、歯列矯正治療を超えた歯並びにすることができます。悪い歯並びの治療が第一目的ではありませんが、治療の副効用で、結果的に歯並びまで補正されることになります。当院には矯正専門のドクターも在籍しておりますので、矯正専門ドクターの視点も交えて、その方の理想の歯並びに近づけることができます。

入れ歯の不具合から解放

当院でオールオン４ザイゴマの治療をされる患者様は、もともとブリッジや入れ歯をされていた方が多いです。入れ歯をされている

オールオン4 の歯並びは、
歯列矯正を超える。

患者様の悩みに「ズレによる痛み」「入れ歯安定剤の不安」があります。顎の骨の形態があまりよくない場合、それに応じて入れ歯がズレたり落ちやすくなり、入れ歯安定剤が必要となります。オールオン4ザイゴマでしっかりとした歯（仮歯も含む）が上顎や下顎に入ると、入れ歯の時に起こりやすいズレや脱離を一切気にする必要がなくなります。

また従来のインプラント治療の場合、入れ歯の影響による骨の吸収（溶解）によって、インプラントを埋め込むことが難しくなる場合があります。オールオン4では骨が薄い所を避けて比較的骨が存在する場所にインプラントを入れるため、手術できる可能性が高くなります。

さらに、上顎では比較的骨が厚い頬骨に打ち込むザイゴマインプラントを用いることで、オールオン4でも不可能な多くの症例でも手術可能になります（オールオン4ザイゴマ）。

噛みしめる喜びが蘇る

そして、オールオン4ザイゴマの最大のメリットは、なんといっても「何でも噛みしめることができる喜び」ではないでしょうか。日々の食事こそ、人生の最大の楽しみと言っても過言ではありません。歯がボロボロの方や入れ歯で悩んでいる方も、もう大丈夫です。手術当日にすぐ仮歯が入るため、噛める状態にまでなります。もちろん最初は柔らかい食事から慣れていく必要がありますが、本歯が入る時にはその方にあったオーダーメイドの機能的かつ審美的な歯になるので、自分本来の歯と変わらず食事がしやすくなります。

本歯が入ると大勢の方に「何でも噛みしめられるようになった」と喜びの声をいただきました。中には「噛めるようになって人生が変わった」とまでお褒めの言葉をいただいたことがあります。当院の私たち自身も、患者様と同じように日々の食事が大好きです。だからこそ喜んでいただけると、本当に嬉しいのです。

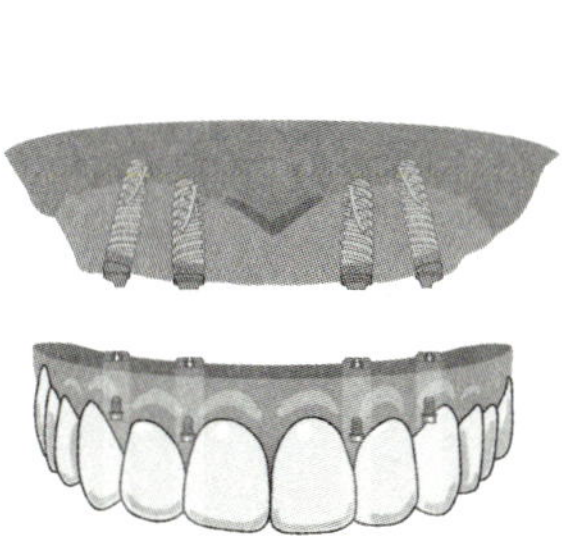

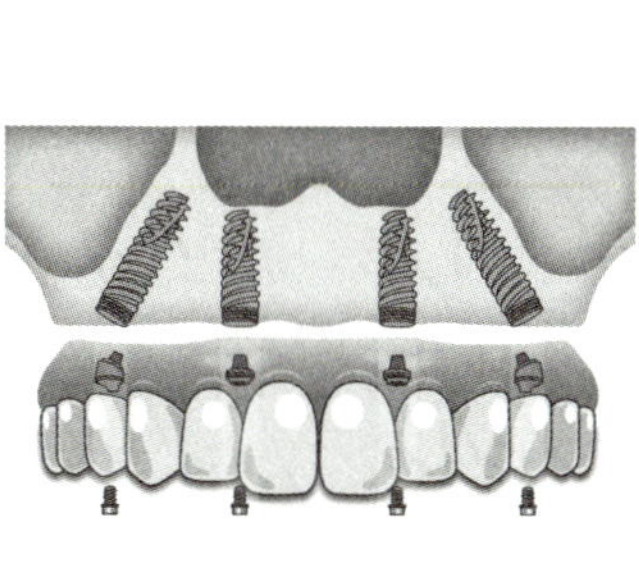

オールオン4とは、4本のインプラントだけで12本分の歯を支えるインプラントシステムのことです。「ALL」は12本分の歯と歯肉を意味し、「on 4」は4本のインプラントで支えることを意味します。

従来のインプラントよりも長持ち

オールオン4ザイゴマの12本の歯と歯肉（上部構造）は一体成型のため感染に強く、表面も滑らかで艶があり、とても衛生的になります。またオールオン4ザイゴマで埋め込まれるインプラントは通常よりも深い部位に設置されるため、感染に強くなります。

丈夫で安定したインプラントと上部構造のため、従来のインプラントに比べて長持ちする可能性が非常に高いと言えます。

なお、患者様の中には食いしばりの強い方、歯ぎしりの癖があり歯が割れてしまった経験を持つ方もいらっしゃいます。ほぼありませんが万が一、何らかの過剰な力が加わるとネジやパーツの破損や上部構造自体の破損の可能性もなくはありません。しかし当院の場合、患者様の本歯のデジタルデータをお預かりしていますので、本歯の再製作はいつでも可能です。当院では独自の充実したアフター保証もあり、万一の際の憂いなく安心して日々の生活を送っていただくことができます。

ザイゴマインプラントとは？

インプラントに顎の骨は必要ない⁉ 顎の骨がなければ違う骨があるじゃない

50代になって骨粗しょう症になったせいか、全身の骨ばかりでなく顎の骨がすっかりボロボロに。歯全体がぐらぐらになってしまい、インプラントにしようと歯科医院に行ったら「骨が溶けて足りないのでインプラントは無理ですね」と、総入れ歯を勧められてしまいました…。

こちらに、たった4本のインプラントで歯列全体を支える「オールオン4ザイゴマ」という画期的な歯科治療法があると聞いたのですが、さすがにインプラントを埋め込む骨がないと無理ですよね。諦めたくなくて、ダメ元でやってきました。

ダメ元なのに来ていただいて、大変ありがとうございます。当院は「歯科のセカンドオピニオン」を標榜していまして、他院で治療を断られた患者様をお救いすることに情熱を燃やしているのです。結論から申し上げますと、オールオン4ザイゴマに、顎の骨は必要ありません！

ええええっ⁉　顎の骨がないのに、どうやって支えるんですか？

顎のすぐ横に硬くて丈夫な別の骨があるじゃないですか？　頬の骨「頬骨（きょうこつ）」です。こちらにインプラントを埋め込んでしまえば、問題ないです。

ええええっ⁉　なんだか大手術みたいな感じですけど。

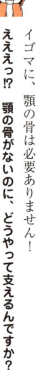

私はもともと大学病院の口腔外科で、悲惨な事故の頬や顎の手術を何例もこなしてきました。この経験から、インプラント手術や頬骨の手術は事前に頭の中で常に準備ができており、どのような難症例でも対応できます。

ナルト先生は口腔外科ご出身なんですね。なんだか安心できました。

私はもともと骨の専門家で、大学院では「骨を増やす（造成する）」研究をしていました。「ザイゴマインプラント」は頬骨に打ち込む長いインプラントなので、従来のインプラントと違い、顎骨は必要ありません。「骨を増やす」研究や口腔外科の治療経験で、骨を増やしたり修復することの大変さを身に染みてわかっていたので、「ザイゴマインプラント」がいかに画期的な技術か、いち早く理解することができました。

骨を増やす必要がないのは、画期的ですね！ まさに私のための技術です。なんだか運命の出会いを感じてしまいます。

いえいえ、最後まで諦めず情報収集して来院された、患者さんの努力の結果の出会いです。努力せずとも「ザイゴマインプラント」に出会えるよう、もっと認知度アップにがんばります！

支える顎の骨がなくても大丈夫！オールオン4ザイゴマを高度技術で支える

　ボロボロだった口腔内が、たった1日にして自分史上最高の歯列に生まれ変わる「オールオン4」ですが、実は万能ではありません。顎の歯槽骨（歯の生えている骨）の硬いところに、たった4本のインプラントを埋め込むだけでいいのですが、その4本すらも支えられないほど「顎の骨の状態が悪い」場合があるのです。

　でもご安心ください。当院は「歯科のセカンドオピニオン」として他院で断られた患者様を受け入れています。どうして、他院で断られた患者様の受け入れが可能なのか、その理由としましては、日本では非常に稀な「最新の高度技術」を持ち合わせているからです。

その代表格が「ザイゴマインプラント」です。また、ザイゴマインプラントを用いたオールオン4を「オールオン4ザイゴマ」と呼んでおります。

ザイゴマとは「頬骨」のこと

あまり聞き慣れない「ザイゴマインプラント」ですが、文字通り、ザイゴマに埋め込むインプラントになります。その「ザイゴマ(Zygoma)」とは「Zygomatic Bone」の略称、つまり「頬骨(きょうこつ)」のことなのです。頬骨に埋め込むインプラント、それが「ザイゴマインプラント」なのです。

通常のオールオン4である「オールオン4ノーマル」の場合、通常のインプラント治療と同じく、4本のインプラントを顎の骨、つまり歯槽骨に埋め込みます。

その際、下顎骨は厚く丈夫なので通常のインプラントで施術可能な場合がほとんどですが、上顎骨は下顎骨にくらべて粗造で脆く、

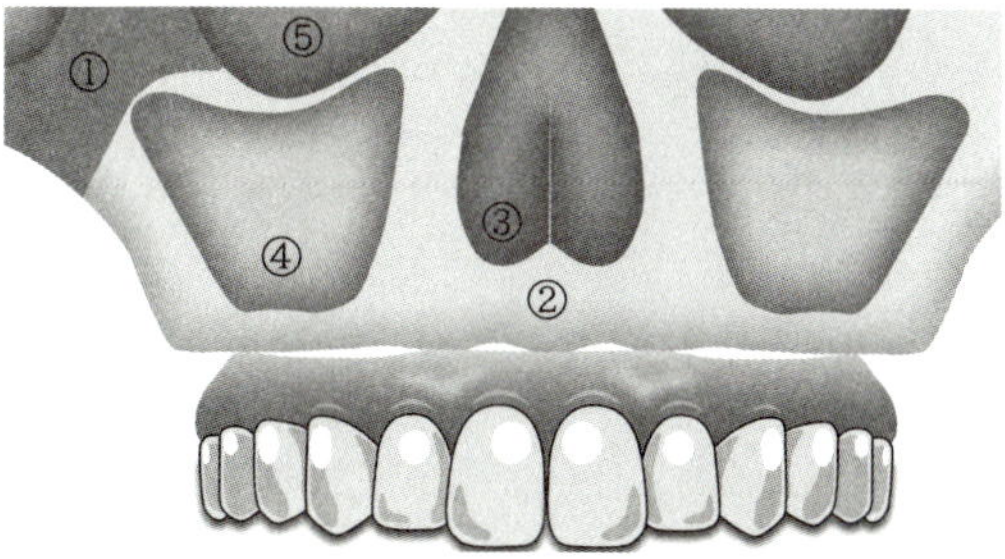

①ザイゴマ(頬骨) ②上顎骨
③鼻腔 ④上顎洞 ⑤眼窩
人の上顎は歯と歯肉(歯茎)と
上顎骨から構成されています。

また体積が小さいため、歯周病によりスカスカやボロボロになったり、全くなくなってしまう場合もあり、通常のインプラントでは施術不可能な場合が出てくるのです。自己免疫疾患などがありステロイドを多量に内服していたり、糖尿病によって骨がもろくなってしまった方など、様々なケースで上顎の状態が悪い方が意外と多いのです。

頑丈な頬骨にしっかり埋め込む

その際、上顎の骨の代わりに頬骨に埋め込むのが、ザイゴマインプラントなのです。

頬骨は上顎骨と結合し斜め上に連続する骨で、上顎骨のすぐ横の骨になります。骨密度が高く実はインプラントに向いている骨なのです。この骨の端の一部を利用します。ザイゴマインプラントは、上部を上顎の歯槽骨におき、底部を頬骨の外側皮質骨（骨表面の硬い部位）におきます。これにより、とても強い力がかかっても十分

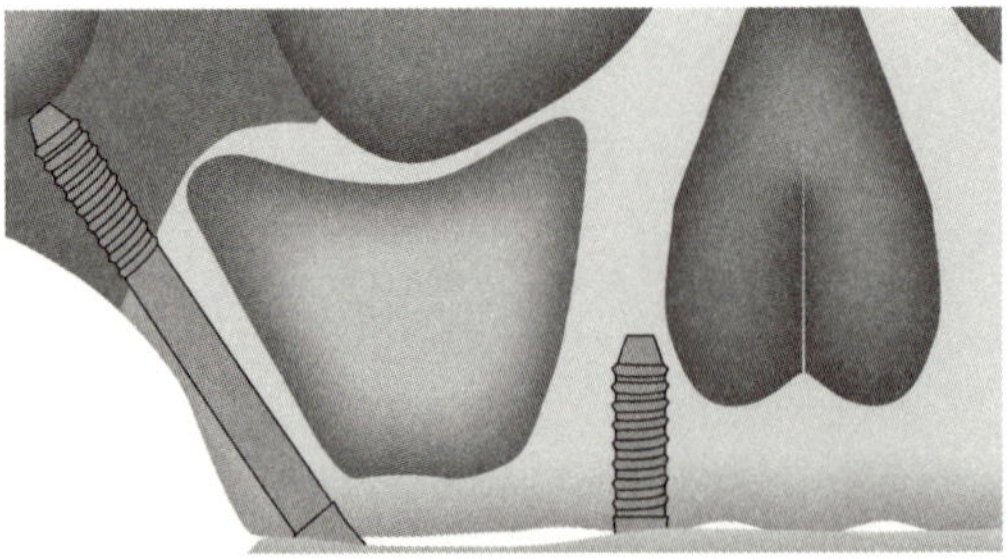

ザイゴマインプラントを埋め込むザイゴマ（頬骨）は上顎骨のすぐ隣に位置します。

な強度を得ることができます。

術式の種類には、上顎洞内を交通させる「イントラザイゴマインプラント」と上顎骨に沿わせる「エクストラザイゴマインプラント」の二種類があります。どちらの術式も上顎洞周囲にアプローチが必要となるため、上顎洞炎のような鼻づまりの症状が術後に出現するケースがあります。当院では、より発生率が低い「エクストラザイゴマインプラント」でのみ施術を行っております。

口腔外科の経験で頬骨スペシャリストに

上顎にオールオン4の施術をする際、上顎骨で硬く厚みのある骨がなく、通常のインプラントができない部分、その部分のみがザイゴマインプラントでの施術となります。なので4本のうち、3本がノーマルインプラント、1本がザイゴマインプラント、といったケースもあります。

上顎骨が全く不足しているという場合、4本ともザイゴマインプ

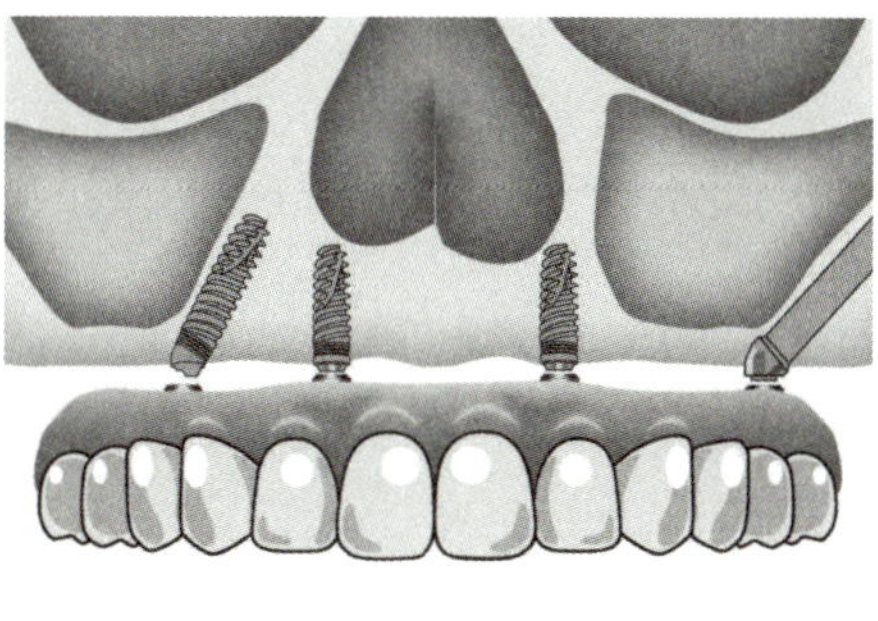

ノーマルのインプラント3本+ザイゴマインプラント 1本の施術例

ラントに頼らなければなりません。ザイゴマ（頬骨）にインプラントを左右それぞれ2本埋入するには、かなり高等なテクニックが必要になります。その点について私の場合、口腔外科医として数多くの非常に状態の悪い頬骨の手術をこなしてきた経験があるため、どんな特殊な症例にも対応可能と自負しております。

なお、通常のオールオン4（オールオン4ノーマル）と同じく、ザイゴマインプラントを用いた「オールオン4ザイゴマ」の場合も、1日で施術が完了して仮歯まで製作し、当日より使用可能です。ザイゴマインプラントの特徴として、手術当日は物理的結合が強く、3カ月かけて骨との化学的結合力が高まります。この特徴により、即時荷重（即使用）が可能となります。

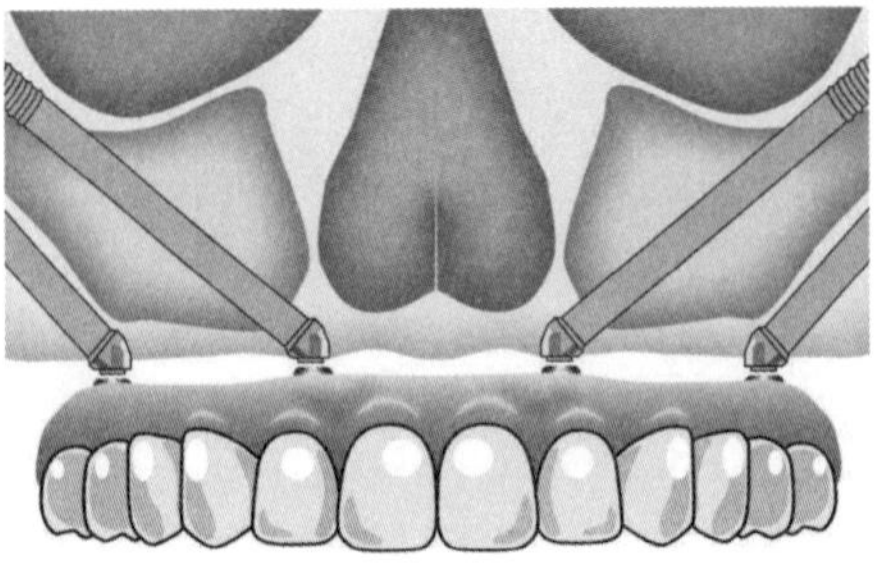

ザイゴマインプラントは、上顎骨が全くない方や骨が薄すぎる方が対象となります。ザイゴマインプラントが向いている患者様はかなり多くの歯を失っており、顎の骨の大部分が吸収（溶解）してしまった方となります。

歯を残すメリット・デメリット

歯周病で全部の歯がぐらぐら！総入れ歯しか選択肢はない？

歯周病を放置していたら、全部の歯がぐらぐら、歯茎も腫れて痛くてたまりません。でも歯を抜くのが怖くて、何とか治療できませんか？

歯周病の初期の場合、歯石取りや、動揺している歯を互いに連結固定することで安定を図る治療法などがありますが、ここまで重度の場合、やはり全部抜くしかないかもしれません。

やはりそうですよね…。でも歯を抜くのが怖いし…。

当院には専門の歯科麻酔科医もいますので安全・安心、抜歯に関しては何の心配もございません。そして、たった4本のインプラントで歯列全体を支える「オールオン4ザイゴマ」なら、手術時間も少なく済み、自分の歯のようにしっかり噛み締められ、食事の楽しみは従来通りです。

自分の歯を全部失うことが怖かったのですが、それを聞いて安心できました。

しかもオールオン4ザイゴマの場合、歯がなくなることにより、今後一切、虫歯や歯周病の心配はありません。ただし、インプラント周囲炎のリスクはあるので定期的なメンテナンスは心がけましょう。

自分の歯を失うのは悲しいですが、それを上回るメリットだらけですね！

「重度」の歯周病の場合、オールオン4ザイゴマを選択肢に

重度の歯周病で歯がぐらつく。その際は「歯を残すかどうか」という選択をしなければなりません。歯を好んで抜きたい歯科医師は一人もいません。しかし、歯周病の症状次第では「抜歯しなければならない」と、患者様に提案しなければなりません。でも、歯科医師が言うように抜歯をしたほうがいいのでしょうか？　それとも無理をしてでも歯を残したほうがいいのでしょうか？　歯は抜いてはいけないというような諸説もありますよね。

本項では、重度の歯周病で歯を残すことのメリットとデメリットを具体例を示しながら紹介します。

歯周病にはステージがある？

そもそも歯周病には症状に応じて「軽度・中等度・重度」とステージがあるのをご存知でしたか？　それぞれのステージで症状が大きく異なるため、そのステージに適した治療をしなければなりません。日本臨床歯周病学会のウェブページでも記載されていますが、重度の歯周病の場合、最終的な手段として「抜歯」という治療が必要となることが知られています。残念ながら、これは全ての歯科医師が知っている真実です。

歯周病が進行すると、歯周ポケットと呼ばれる歯と歯肉の境目が深くなり、歯を支える土台（歯槽骨）が溶けて歯がぐらぐらと動くようになり、最後は抜歯をしなければならなくなります。

歯周病とは、歯肉炎と歯周炎の総称です。重度の歯肉炎とは、多量の歯石やプラークを伴う歯茎の炎症を意味し、重度の歯周炎とは、歯の周りの歯槽骨が歯根の半分以上溶けて歯周ポケットが6ミリ以上あり、歯の動揺が著しいものを意味します。

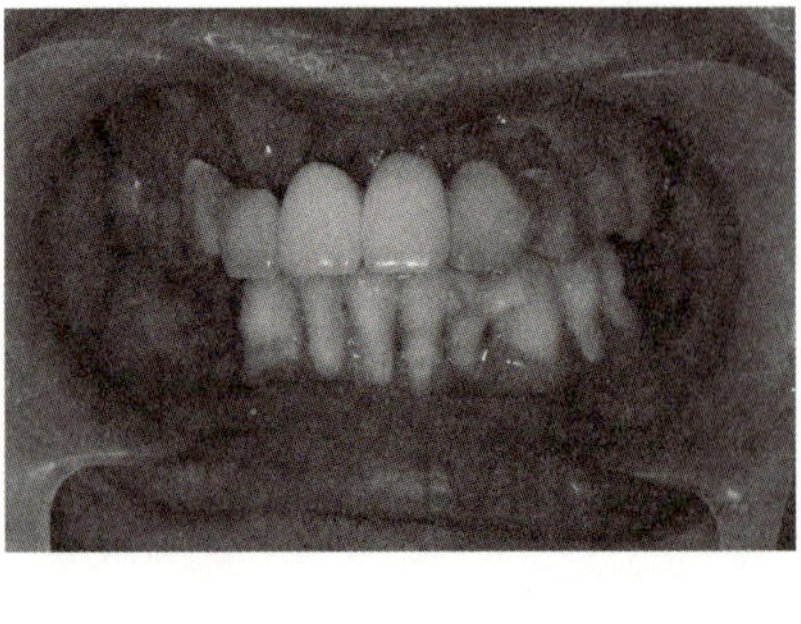

重度の歯周病により歯肉が退縮し、歯槽骨が溶けて露出した歯根。

重度の歯周病になると、歯茎が赤く腫れ、噛むと痛みを伴うことが多いです。また歯が激しく揺れ、歯の周りからは膿が出るような状態になってしまいます。

歯がぐらつくのは浮いているから

そんな「歯がぐらつく」「痛くて噛めない」、このような悩みで困っている方の歯は、どんな状態なのでしょうか？

レントゲン写真を撮ると、歯の根の周りが覆われるように黒くなっていることがわかります。黒い部位は顎の歯槽骨が吸収されている（溶けている）状態を示します。

歯根の先の一部だけが骨とくっつくだけで、骨というよりも、ほとんど歯茎だけで歯根を支えているような状態です。

歯が骨から分離し、浮いているような状態（浮遊歯）となっているのです。顎の歯槽骨は白く硬くなり、防御反応を示しますが、歯周病が今にも拡大して隣の歯にまで炎症を及ぼしかねません。

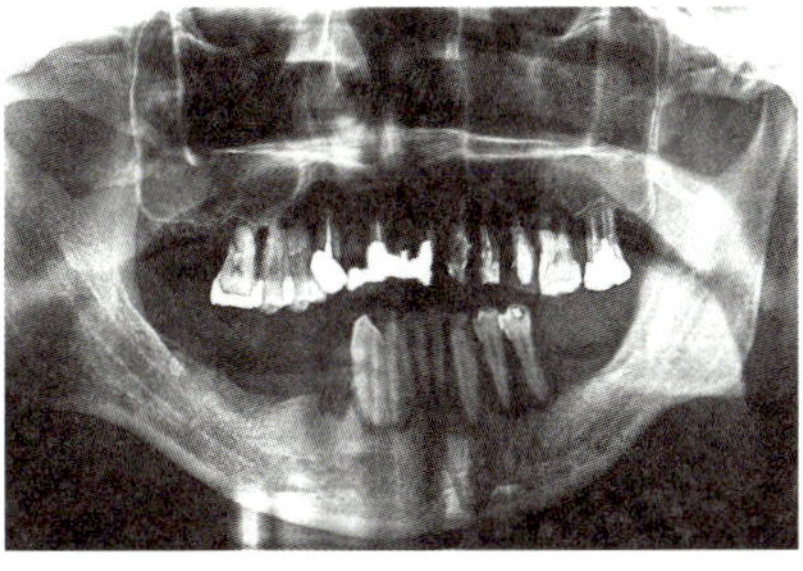

多数歯に広がった重度歯周病のレントゲン画像。

重度の歯周病の歯が多数ある場合

最初は1本だけだった重度の歯周病の歯が、そのまま放置され適切な治療が行われないと、重度の歯周病は、周囲の健康だった歯に広がります。最初の1本の治療を怠るだけで、周囲の歯がぐらぐら揺れるようになってしまうのです。

重度の歯周病は、歯槽骨を溶かしていきます。インプラントや入れ歯といった補綴治療は高さや幅のある顎の歯槽骨を必要とするため、治療自体が困難になります。

重度の歯周病で歯を残すメリット・デメリット

重度の歯周病で歯を残すメリットとは何でしょうか。自身の歯を用いることができますが「噛んだら痛い」「炎症が周囲に広がる」という事実は解決できません。

もちろん「自分の歯を残す」という自己決定権は尊重されるべきで、患者様には治療選択の権利があります。しかし重度の歯周

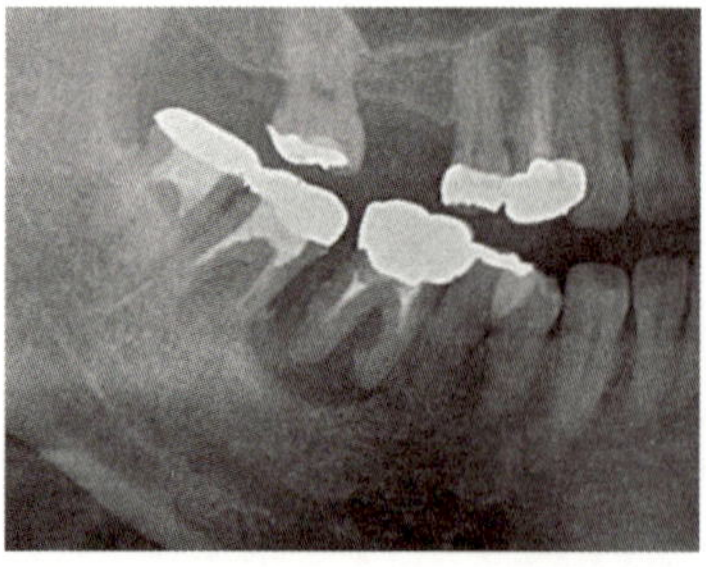

1本の歯にフォーカスした重度歯周病のレントゲン画像。歯根が完全に浮いた状態に。

病で歯を残すメリットは「歯がなくなるという自身の器官を喪失する恐怖」（その恐怖を感じない方などいません）からの一時的な解放ぐらいしかないのが現実です。

逆にデメリットは、枚挙に暇がありません。

- 周囲の健康な歯周組織に炎症が波及する
- 疼痛、腫れなどの急性発作が起きやすい
- 歯の揺れなどを考慮しながら、日々の食事をしなければならない
- 顎の歯槽骨が吸収（溶解）され、インプラントや入れ歯などの補綴治療が困難になる
- 歯周病菌により動脈硬化が誘発され、脳血管疾患・心臓疾患のリスクが高まる
- 歯周病菌の内毒素により、インスリンの効きが悪くなり、糖尿病の数値が悪くなる

オールオン4ザイゴマがある安心感

歯を抜かれたい患者様はいません。そして歯を抜きたい歯科医師もいません。大事なのは、歯を「きちんとした状態で残せるか（保存できるか）」ということなのです。

歯は、虫歯治療、神経の治療、歯周病の治療など、様々な治療があります。

それぞれの歯の状態において、最適な治療で歯を保存をしなければなりません。

しかしながら、歯の状態は順を追って悪くなる訳ではなく、一気に悪くなってしまう場合もあります。例えば、重度の歯周病の歯や歯根が破折している歯を抜歯せずに放置すると、病巣は周囲の健全な歯にまで広がってしまいます。抜くべき歯を残したせいで、より多くの歯を失ったり損傷させる結果となる場合があるのです。

まずは、かかりつけの歯科医院の担当医と「現在の状態」と「これから予想される状態」をしっかり話し合うことこそが一番大事だと考えています。その結果、全ての歯を抜くことがベストだと判断される場合、その後の選択肢は「入れ歯」だけではありません。セカンドオピニオンとして、ぜひ当院の「オールオン4ザイゴマ」も選択肢に加えてみてください。

歯周病からの解放

髪や皮膚が年齢とともに変化するように、口腔内も時間の経過とともに刻一刻と変化します。加齢で免疫力が下がり骨が弱くなると、歯周病のリスクは年々上がり続けます。そのため、年を重ねると念入りな口腔ケアや3〜4か月ごとの歯科医院でのメンテナンスが不可欠になります。

ですが「オールオン4ザイゴマ」になると、全ての歯を治療することになります。歯列と共に歯槽骨や歯肉も一体成型となるため、歯周病の恐怖や対策から完全に解放されることを意味します。これも「オールオン4ザイゴマ」の大きなメリットと言えるでしょう。

メルト先生のメルほど話

1

「オールオン４ザイゴマ」って誰が考えたの？

そもそも「オールオン４」を考案したのは、ポルトガルのマロ先生です。もっとも最初はオールオン４だけじゃなく、オールオン３やオールオン２など、結構いろいろ試してみて、結果的にオールオン４がいちばん理に適っていたと、試行錯誤の末に確立した技術と聞きました。

「ザイゴマインプラント」は、オールオン４とは無関係で、頬骨に埋入する長いインプラントです。これはインプラントの創始者である、スウェーデンのブローネマルク先生が考案しました。それからスペインのカルロス先生が長年かけて研究・論文報告をし、ザイゴマインプラント治療は、多くの改良や進化を遂げました。

私は、たまたまオールオン４を学んだ時、そんなザイゴマが進化を始める時だったので、オールオン４とザイゴマをひとつのソリューションとして組み合わせることを着想しました。「オールオン4ザイゴマ」という治療法であれば、日本人の多くにある薄く小さい顎骨でもひとつのコンセプトで歯の全体治療ができるのではと考えたのです。そこでオールオン４ザイゴマの先駆者としてやっていこうとなった際、悩まされたのが「オールオン４」というワードでした。日本の歯科医師の間では以前より広く知られている「オールオン４」ですが、歯科医師の中には上述したように「オールオン６」や「骨造成治療」と混同している人もいたのです。つまり、私の開発した「最大４本のザイゴマインプラントを用いて、歯の全体治療を４本のインプラントだけで完成させる」というコンセプトとの差別化を難しくしていたのです。

私はというと、他のオールオン４をする歯科医に対して「ザイゴマを使ってオールオン４をする歯科医」なので「オールオン４ザイゴマ」という治療法を行います。この「オールオン４ザイゴマ」治療を支える治療コンセプトとして「イージー4（EZ4）コンセプト」を開発しました。EZ4とは、「Extra Zygomatic all-on-4」すなわち「最大４本のザイゴマインプラントを用いて、歯の全体治療を４本のインプラントだけで完成させる」ことと、「オールオン4、ザイゴマインプラント、CADを組み合わせたシンプル（easy）なコンセプト」から来ています。

それに加え、オールオン４ザイゴマの第一人者として「ALLON4 ZYGOMA CLINIC」と「EZ4 concept」の商標登録を行いました。これから、「オールオン４ザイゴマ」治療と「イージー４コンセプト」を多くの歯科医師や患者様に広めていかなくてはなりません。その分、責任重大ですが、やりがいも感じています。

第2章

「オールオン4ザイゴマ」を推す理由

「オールオン4ザイゴマ」に向いてる人、向いてない人

歯が痛いけど
歯医者が怖いのでガマン、ガマン
イテテテ
あ〜ん、口の中全体が腫れてきたよ
クリニック
あ〜もう我慢できないから歯医者に行こう！
末期状態、総入れ歯どうですか？

歯医者に行ったら総入れ歯を勧められた！

歯医者が苦手で虫歯を放置して長い間ずっと我慢してたんですが、痛みや腫れが我慢できなくなって、歯医者に行ったところ「多くの歯がボロボロ状態で、ブリッジもできず、部分入れ歯しかない」と言われてしまったんです。

それはお気の毒でしたね。虫歯を放置すると、想像以上に大変な事態になりがちなんです。インプラントも駄目でしたか？

インプラントも聞いてみたのですが、土台となる骨が溶けて足りないそうで、その場合、骨を造る治療から始めないといけないそうで、費用も治療期間も多くなり、しかも治療中、入れ歯をしないといけないとかで…。

しかもインプラントの本数も多くなりそうですね。

虫歯の治療も多数で、費用面的には総入れ歯を勧められてしまいました…。虫歯を放置した自分が悪いのはわかってますが、まだ現実を受け入れられなくて…。

まだ30代なので、総入れ歯は審美的にも避けたいですよね。多数のインプラントを入れるよりも費用を抑えられ、見た目も最高に美しくなる治療法がありますよ。

えええっ！　ぜひ教えてください。リーズナブルで見た目も最高だなんて、控えめに言っても最高じゃないですか！

それは「オールオン4ザイゴマ」です。

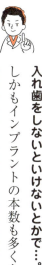

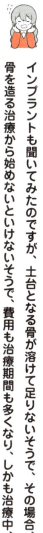

最初は1本の虫歯が、最終的に総入れ歯に！

30代や40代、この年代の方の口腔内はどのような状態でしょうか。おそらく多くの方は、ほとんど治療経験がなく、虫歯の治療をした場所が数か所ある程度でほぼ全部自分の歯、差し歯が数本あっても残りは全て健全な歯、だと想像するかと思います。

しかし、実際には様々な患者様がいます。30代や40代でも多くの歯を抜歯することになったり、虫歯や歯周病でほとんどボロボロな方もいます。

その原因や理由は様々ですが、大事な事はその様になってしまった状態でどのように、その口腔内と付き合っていくのかということです。

1――治療は行わず、痛みや咬みづらさを我慢して、食べられる物だけを食べて、そのお口の状態と付き合っていくのか？

2――痛みのある歯は神経の治療をしたり抜いたりして、除痛治療のみの最低限の治療で終了させるのか？

3――残せる歯を残し、ブリッジや部分入れ歯を入れるか？

4――残せない歯を抜き、インプラントを数本入れるか？

5――全部抜いて総入れ歯にするか？

というのが一般的な歯科の選択肢になってきます。

各選択肢を選び継続すると、どのような結果が待っているのか？

その結果について説明していきます。

1―治療は行わず我慢しておく

治療を行わない、このような方は実は結構います。理由としては、仕事が激務で時間がとれない、小さい頃や過去の治療のトラウマで歯科医院に恐怖で行けない、金銭的な事情や不安で歯科治療に行けないでいる、などがあります。

しかし、虫歯は放置することで徐々に進行して歯が失われていき、根っこだけになって噛めなくなります。歯周病で歯がぐらつき始め、そのままにしていると抜けてしまい全く噛めなくなってしまいます。

そんな状態になっても何とか我慢されている方がいますが、我慢の限界を迎えて結局、歯科医院を受診されるという方もいます。このようなケースで受診された場合、処置の難易度が上がっており、結局、痛みがともなう困難で回数のかかる治療になる可能性、費用のかかる治療になる可能性が高くなります。

そのため、踏みとどまっている方は早めに自分に合いそうな歯科医院を探し、受診計画を立てたほうがいいでしょう。

２　除痛を最優先治療とし、最低限の治療で終わらせる

治療をしないで我慢する患者様とは異なり、痛みだけはとりたいという患者様も中にはいます。神経の治療、抜歯治療を最優先で行い、徐痛後に歯を造るなどの治療はせず、治療を終わらせるという方法も一応はあります。

抜歯や抜髄（神経を抜く治療）を行うのみで、歯科医院からはあまり勧められませんが、ご本人の強い希望があれば、一応このような形で一旦診察を終了することも不可能ではありません。しかし、神経を抜いたまま治療しないで放置すると結局、細菌に感染して歯や骨が溶けて失われていきますし、痛みや腫れを引き起こす原因となります。また歯を抜いたまま何もしないで放置すると、隣の歯が倒れ込んできたり、対合の歯が伸びてきて、咬み合わせが悪化してしまいます。

こうなってしまうと結局、また歯科医院を受診する必要が出てき

てしまいます。次々に歯の抜歯や削合が必要になり、最終的には歯が全部なくなってしまうかもしれません。ですので歯の痛みを取り除いた後は歯を造るという対応をしておく必要があります。

3 ― 残せる歯を残し、ブリッジや部分入れ歯を入れる

ブリッジや部分入れ歯は、一般的な保険治療としてよい治療法ですが、これには条件があります。ブリッジは支えとなる歯がしっかりとしている必要があり、虫歯でボロボロになった歯、歯周病でぐらついた歯ですとブリッジを支える歯として利用することが不可能となります。また、ブリッジは無理に製作すると適合不良となったり、脱離したり、歯が欠けたりして予後不良となる可能性もあります。

ブリッジが難しい場合は、部分入れ歯での治療を選択しなければなりません。歯がボロボロや前歯がぐらぐらという方は、ブリッジの治療を用いることが難しい場合が多く、保険治療で解決するには、

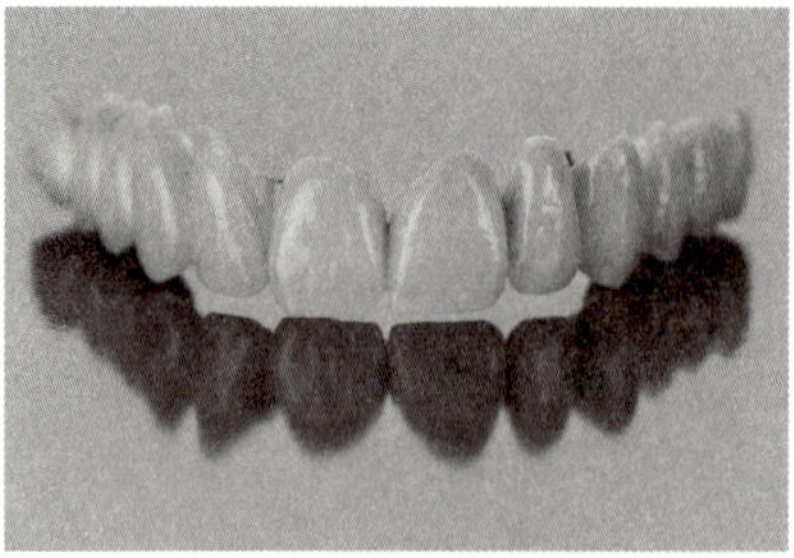

残存歯を用いて長いブリッジ（歯と歯を連結）にしたロングスパンブリッジ。重度歯周病などがあった場合、形状に工夫をします。残せた歯同士の間にダミーの歯（ポンティック）が来ますが、ポンティックの下部にスーパーフロスなどが通るようにあえて清掃性がよい形状を付与します。

割と大規模な部分入れ歯を用いるケースが多くなります。部分入れ歯になると取り外しの煩わしさ、入れ歯の異物感、見かけの違和感、咬むことの違和感や話す際の発音など、ブリッジでは起きにくい不都合がいろいろと出てきます。

30代や40代でもブリッジができず、部分入れ歯をしている方は意外と多くいます。ブリッジの方も入れ歯の方も、徐々に残存歯は減っていき、総入れ歯に近づいていきます。30代や40代で総入れ歯というのは、その病院の治療方針にもよりますが、案外現実的なお話になってきます。入れ歯になる年齢が早ければ早いほど、入れ歯で過ごす時間が人生で長くなってしまいます。

4 残せない歯は抜いて、インプラントを入れる

できるだけご自身の歯を残したい人で金銭的にも余裕がある方は、インプラント治療という選択肢があります。しかしノーマルインプラントを数本入れるということは、ご自身の顎の歯槽骨の状態や施

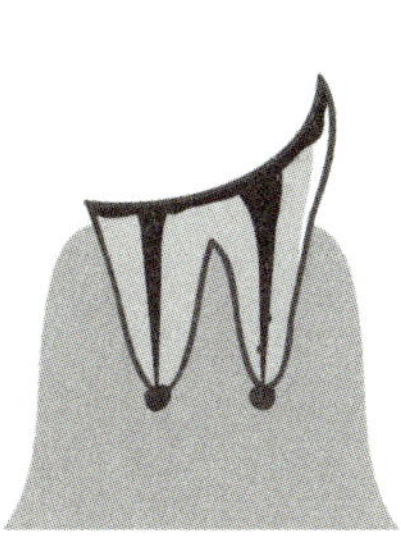

残すことができない歯は抜歯に

術者の技術的な問題で困難なケースもあります。残すことができない歯というのは多くの場合、歯だけでなく骨にもダメージがある場合が多いからです。

したがって、抜歯した部位にインプラントを埋入したいと考えても、骨が吸収（溶解）や欠損しているなどの問題で埋入できないケースが多分にあります。そのため、骨を造る必要が出てきたり、特殊な手術が必要になることもあります。

このような場合、多くは骨を造ってからインプラントを埋入するため、1箇所につき半年から1年と長い治療期間を要します。また、インプラントと隣り合う歯との位置関係も考慮する必要があります。埋入するための十分なスペースが確保できなかったり、隣り合う歯との審美的なバランスが悪く、見た目の違和感が大きくなったりすることもあります。

インプラントの隣の残せる歯がインプラントより先に悪くなって残せなくなったり、最終的には全ての歯がインプラントとなってしまうこともあります。そうなると費用の負担も膨大になり、治療回数も結果として多大になります。

このようなことを考えると、本来なら残すことができない歯を無理にがんばって残すということが必ずしもいいことなのかどうか悩ましい問題となります。歯科医師の間でも意見の分かれる所です。

5 — 全部抜いて総入れ歯にする

それでは、上下総入れ歯の方はどのようになっているのでしょうか。

今後、虫歯や歯周病由来の痛みや炎症で悩まされることがなくなりますし、入れ歯が完成すればそれ以上の治療をする必要は一旦なくなります。そういった意味では、すっきりすることが可能な治療法と言えるかもしれません。

また、普通の総入れ歯であれば保険適用にもなります。金銭的な余裕があれば自費でオーバーデンチャーなどの高品質の入れ歯という選択肢もいいかもしれません。

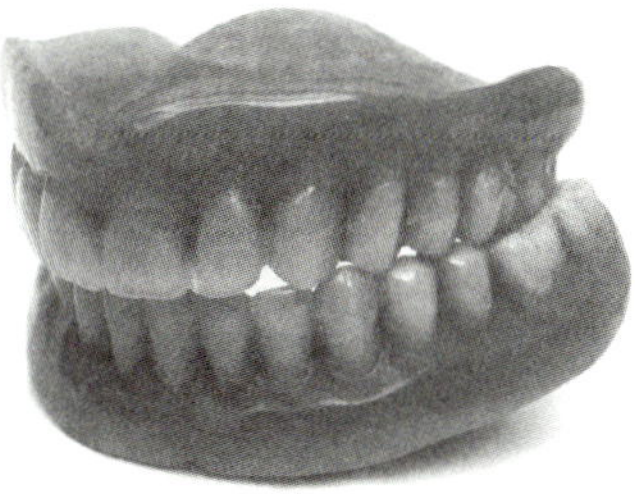

全ての歯を抜いて総入れ歯に。ぐらぐら、ぼろぼろとなってしまった歯を保存できないと診断し、口腔内をよりシンプルな環境にする治療法です。明らかにぐらぐらで「抜歯しなくてはならない」とわかっていても、その決断ができない場合もあります。もし、痛くもないし、自分はもう少し様子を見たい場合は担当の歯科医師と話し合いましょう。無理をする治療はよくないと思います。もちろん、部分入れ歯で対応できる場合はそうするべきです。

しかしその大前提として、今後の長い人生、ずっと入れ歯と付き合っていく覚悟があればということになります。歯がなくなり入れ歯になると、どうしても高齢化したような顔つきになりやすかったり、以前ほど食事を美味しく感じられなくなったり、咬みづらいものが出てきたり、入れ歯が原因の口腔内の傷や腫れに悩まされる可能性もあります。最初は適合の良かった総入れ歯でも、加齢などにより歯茎が変化して必ず適合不良になってくるので、調整や再製作が必須となります。

また残すことが可能な歯も抜いてしまう必要があるので、そこに抵抗を覚える方も多いかもしれません。全て抜歯して総入れ歯にするメリットが、抜歯しないことのデメリットを上回ればいいのですが、総入れ歯の場合、そのメリットは微妙かもしれません。

結局、どの選択肢の終着点にも難がある

虫歯や歯周病というのは以上の対処を考慮すると、進行してしまっ

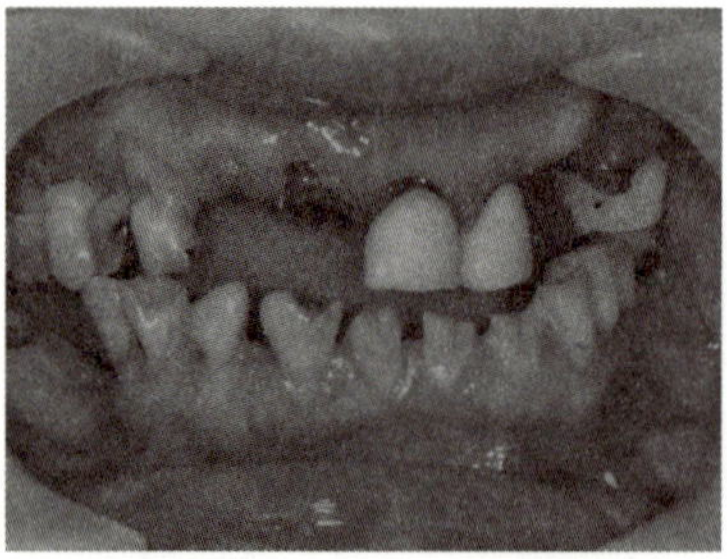

摂食障害の酸蝕症で歯がボロボロになる場合も。酸蝕症とは、酸性の物質を起因に歯を蝕む疾患のことで、嘔吐時の自身の胃液によることが多いです。精神的に辛くて過食し過ぎてしまった場合、食事をしたくないと拒否してしまった場合、どちらでも自己誘発性嘔吐をしてしまう場合があります。歯はエナメル質に覆われており環境の変化に非常に強いのですが、数年にわたり何度も嘔吐をしていると、胃酸の影響で歯はボロボロになってしまいます。

た場合は本当に大変な疾患であることがわかります。最終的には歯科医院への通院が増え、余計な苦痛や時間、コストがかかってしまいます。

いざ治療をすることを決心した時には残された選択肢が少なく、多くの場合は入れ歯かインプラントとなってしまいます。年齢が比較的若くても、こういった問題に直面してしまう可能性は意外と多いのです。

金銭的な余裕と十分な埋入スペースがあり、インプラント治療が可能であればいいのですが、条件が全部整うケースは意外と少ないため、入れ歯を検討しなければならない場合もあるのです。30代、40代と比較的お若い方でも、入れ歯しか選択肢がない場合もあるのです。

でも、決して治療を諦めないでください。そのような方でも、当院のオールオン4ザイゴマでしたら治療が可能かもしれません。当院にご来院いただく方には、30代や40代の方も多くいらっしゃいます。

総入れ歯と別の選択肢が「オールオン4ザイゴマ」

当院の調査によると、オールオン4ザイゴマの相談目的でご来院いただいた方の動機の多くは「入れ歯が不満だった」という結果になっています。

他院へインプラントの相談に行ったけれど、ノーマルインプラントを断られて、入れ歯を勧められてしまった。こういった経緯でご来院いただく方が少なくありません。それぐらい入れ歯の違和感や不具合は、患者様にとって受け入れ難いものなのだと思います。また若い方は年齢的にも、入れ歯に対する抵抗感があるように感じられます。

オールオン4ザイゴマは、単純に費用という観点だけですと、高額というデメリットを感じてしまうかもしれませんが、ノーマルインプラントを4本以上埋入する場合に比べると、かえって安価になる場合が多いのです。またオールオン4ザイゴマは、歯や骨の状態を選ばずに即時荷重（骨との結合を待たず当日に歯が入る）が可能

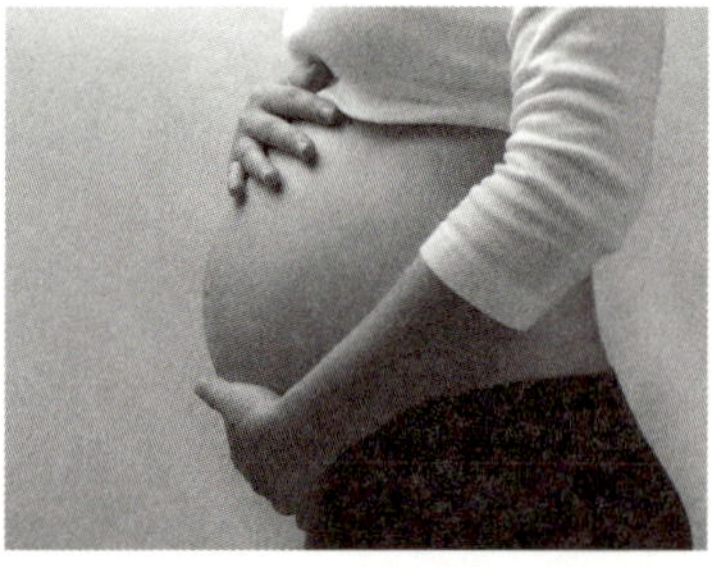

総妊娠中は「エストロゲン」や「プロゲステロン」と呼ばれるホルモンの分泌が盛んになり、このホルモンを栄養源とする歯周病細菌がいて、歯肉炎になりやすくなります。口腔ケアを怠ると、症状が歯周組織（歯槽骨・歯根膜・歯肉・セメント質）まで広がり、妊娠性歯周炎となります。出産後、ホルモンのバランスが落ち着くと治りますが、そのままお口の中を不潔にしておくと、歯周炎が重症化し、若くして多数の歯がぐらぐらとなってしまうこともあります。

となり、通常のインプラント治療のように、土台となる骨を造る期間中、入れ歯で我慢する必要がありません。そして、手術は1日（実際は上下でも2時間程度）で終わるため、治療の回数や期間も少なくて済みます。審美的な観点でも、全ての歯の色や形を揃えられるため、仕上がりが美しくなります。また一番重要な咬み心地に関しても入れ歯と違い、ご自身の歯にかなり近い感覚が得られると思います。

歯を全て抜くことに抵抗の強い方がいるかもしれませんが、オールオン4ザイゴマの場合は、全て抜歯するメリットが抜歯しないデメリットよりかなり高いため、結果的に納得して選択される患者様がほとんどです。

歯を抜くのは痛そうで恐いという方に関しても、手術中に「静脈内鎮静法」を行うため問題ありません。術後のアンケートでも、ほとんどの方に「手術前は恐かったけど、手術中は恐くなかった」とのお答えをいただいております。

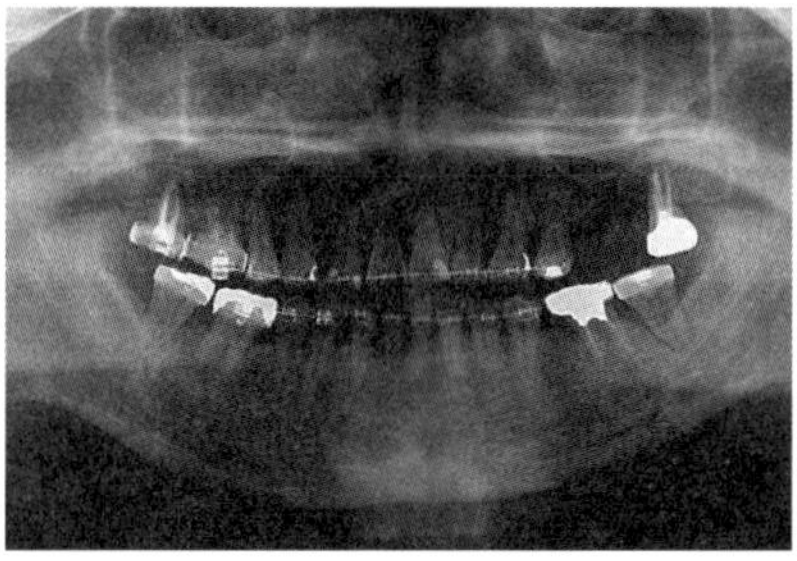

成人の歯列矯正の場合、加齢で骨の水分が失われ硬くなるため、過度な矯正力をかけがちで、歯周組織を損傷させ、急激に歯周病が進むことがあります。

このような理由から、30代や40代の方でも、オールオン4ザイゴマのメリットが高い方、具体的にはノーマルインプラントが4本以上になったり入れ歯しか選択肢がない方に、ぜひご検討いただきたい治療法だと思っています。もちろん、ご年齢にかかわらず、このようなお悩みで悩んでいる方がいれば、ぜひご相談に来ていただければと思います。

当院はセカンドオピニオンを大歓迎しておりますので、他院での治療方針だけでなく、当院での治療方針も聞いてみたいと感じられたら、まずは当院へご連絡いただければと思います。

オールオン4ザイゴマの美貌へのメリット

高齢で歯周病でも「美しい歯」は手に入る！

私、フェイスもボディもお金も労力も惜しまず磨きをかけてきましたが、歯だけはずっと残念なんです。何年もかけて歯列矯正しても全然満足できず、最近は年齢のせいもあり歯列矯正を断られたり…。何とかなりませんか？

もともと少し受け口で歯列矯正が難しく、また歯周病の進行で歯を支える歯槽骨の状態も全体的によくないようですね。でも当院なら、自分史上最高の歯を手に入れられますよ。

まさか、総入れ歯じゃないですよね。ガチャ歯よりはいいかもしれませんが、さすがにこの歳で総入れ歯はちょっと…。

いえいえ、しっかり自分の歯として噛みしめられる機能面でも最高の歯です。

そんな、魔法のような歯科治療があるんですか⁉ 見た目も最高で、機能面でも最高なんて、まさに私が求めていた究極の歯です！

はい、それは「オールオン4ザイゴマ」です。

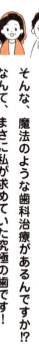

見た目の美しさもオールオン4ザイゴマの特長

40代、50代からでも歯列矯正をしたいという患者様が増えてきています。若い時はそんなに気にしていなかった方もいれば、ずっとコンプレックスだったけれど金銭面で先延ばしにされていた方など様々です。

ですが、40代以降は歯周病に罹患している患者様の割合が多くなり、歯のぐらつきが出て、どうしても矯正治療が困難なものとなります。たとえ歯列矯正ができて歯並びがよくなっても、歯のぐらぐらが強くなったり、最悪、抜けてくる可能性さえあります。また、ブリッジや入れ歯など動かすことができない歯が多くなると、全体

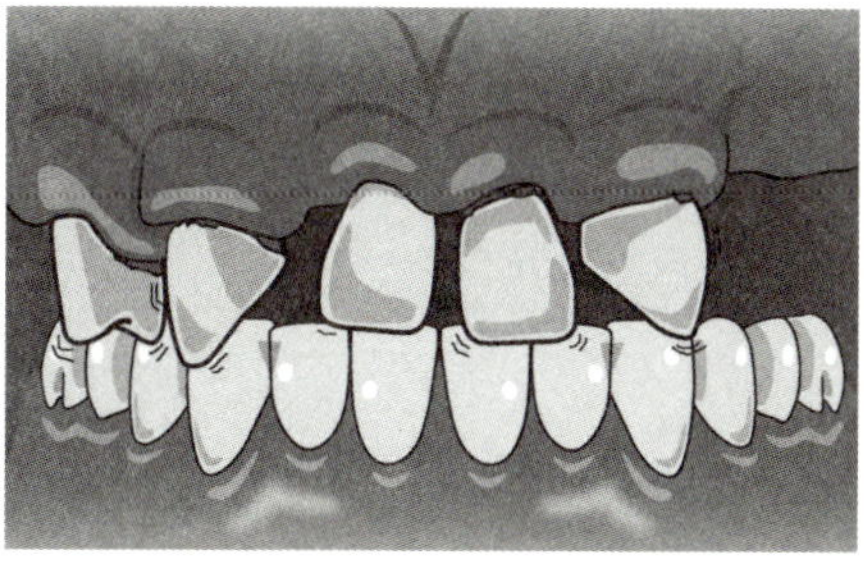

50歳をすぎるとすきっ歯になることも

的な歯列矯正を行うことができません。

でも、諦める必要などありません。オールオン4ザイゴマなら、全ての歯や歯列をジルコニアという高強度セラミックで表現しているため、歯列矯正治療をはるかに凌ぐ、理想的な歯の形状や色味、歯列を手に入れることが可能なのです。

オールオン4ザイゴマでは、インプラントの定着後に仮歯から本歯に切り替えていきます。オールオン4ザイゴマの大きなメリットとして、この本歯を自分の要望に限りなく近い「完璧な見た目」にすることが可能なのです。

理想の前歯のイメージを固めてもらう

前歯の造形は人によって様々です。多くの人は顔の輪郭に応じて、四角い歯や三角な歯、丸い歯を持っています。ほとんどの方が「顔の輪郭に合う前歯」を希望されます。

そこから、自分にとっての理想の歯並びに近づけていきます。当

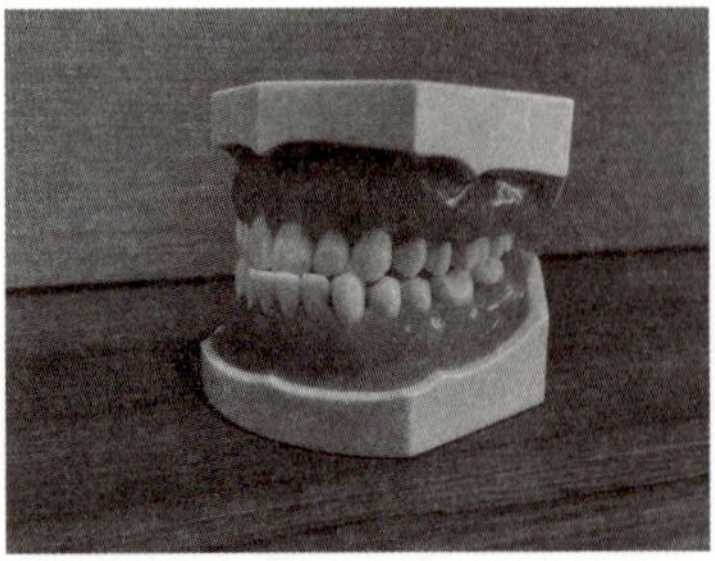

下顎が上顎よりも前方にある受け口や口ゴボは、そもそも矯正が難しいのですが、オールオン4ザイゴマなら治療が可能に。

院では「自分が好きな歯」や「自分がなりたい歯」を追求することが可能です。そのためにイメージを固めてもらいます。

サンプル写真の一覧から

サンプル写真から気に入ったデザインを選んでいただきます。一番前の歯が大きめがいいとか、三番目の歯がとがっていないなど、それぞれ特徴があります。そして「歯だけ見てもイメージが湧かない」かと思いますので、歯のイメージがある程度固まってから自身の顔写真でバーチャル試適を行います。

俳優やモデルさんの歯に近づけることも可能

自分がなりたい具体的な歯が決まっていると話が早いです。「こんな歯になりたい」と写真や画像を提示していただけると、それに合わせたご提案ができます。しかし、鼻の形や唇の形との歯の並びの相性がありますので、写真通りの歯にしても、実際はイメージ通

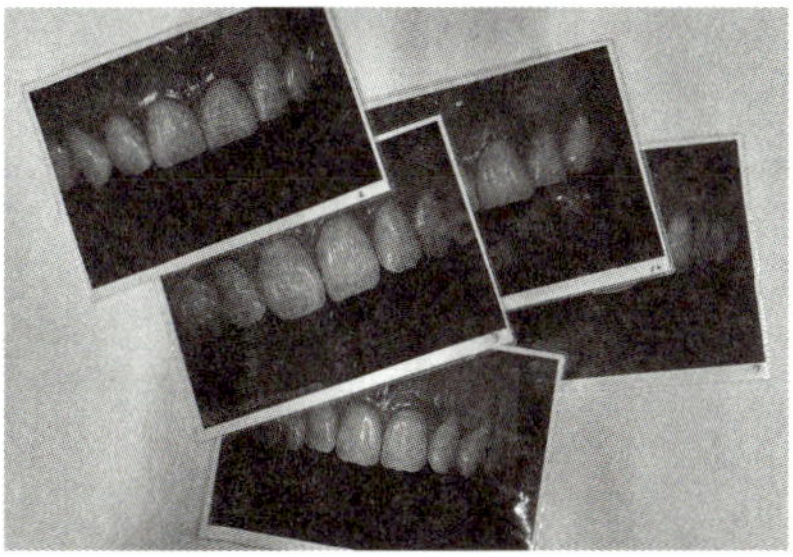

どれも同じに見えるがよく見ると全然違うサンプル写真

りにはならないこともあります。そのため、なりたい歯のイメージに近づけるため、バーチャル試適を行ってバランスを調整します。

本歯のシミュレーション

理想の歯がイメージできたら、顔に合わせて歯をシミュレーション配置します。黄金比（Golden ratio）をベースに顔の中心かつ左右対象に配置します。実は多少、人の顔は左右に歪みがあります。その歪みも考慮して目の位置や鼻の位置、唇の位置とのベストバランスを目指します。それ以外にも咬合平面（噛み合わせ基準の接触平面）、リップサポート（口元の張り出し具合）、色味（明るさ）など確認項目は細部に及びます。

最新3Dプリンターによるプロトタイプ製作

これまでイメージしてきた理想の歯が具現化されたオールオン4ザイゴマプロトタイプを装着します。実際にプロトタイプを試着し

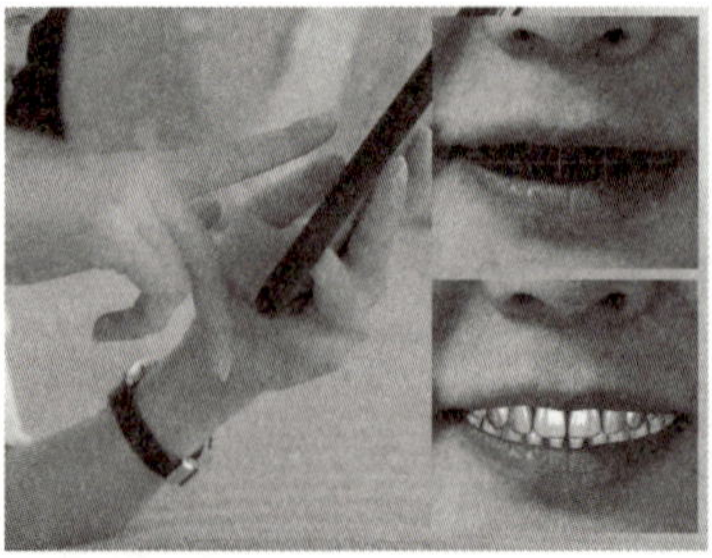

バーチャル試適では、選択された歯を自分の顔に当てはめることが可能

てみることで「歯をもう少し大きくしたい」「歯の輪郭をやっぱり四角にしたい」「歯の並びをもう少し広げたい」など、審美性・機能性の改善点に気付けます（プロトタイプは何度も製作可能ですが都度費用がかかります）。

完璧な歯（自分の理想の歯）の完成

本歯〈オールオン４ザイゴマファイナル〉の完成です。仮歯からプロトタイプを経て、本歯になりました。時間も回数もかかりますが、自分の理想を可能な限り追求したファイナルを製作することが可能です。しかし、多忙な患者様もいらっしゃるのも事実で、その場合はプロトタイプの工程を省略することも可能です。

当院の患者様には、歯列矯正のセカンドオピニオンで相談に来られる方もいます。今後、このような方がどんどん増えてくるかもしれません。どんな難しい症例であっても、オールオン４ザイゴマな

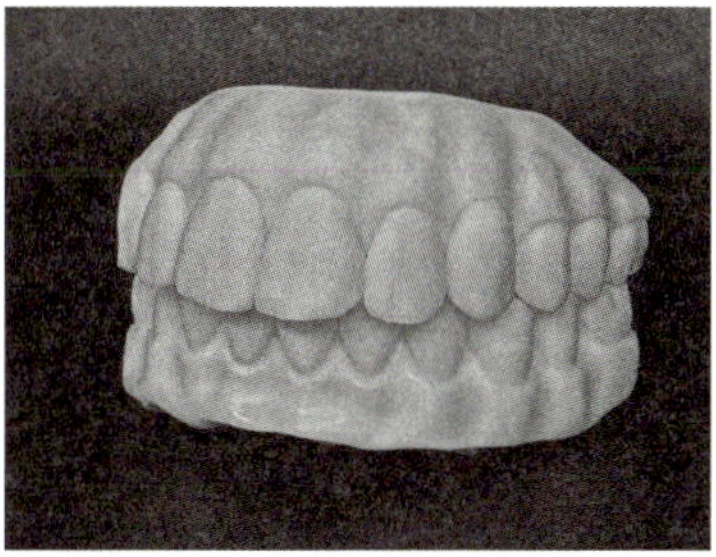

最新の3Dプリンターによる オールオン4ザイゴマプロトタイプ

らほとんどの場合、歯列矯正が可能となります。

歯並びを直すということは、現代においてとても意味があり価値のあることだと思います。

オールオン4ザイゴマなら、それは何歳からでも始められます。当院では綺麗な歯並びになるための経験と技術も充実しておりますので、まずはご自身で悩まれる前に一度ご相談ください。歯を選ぶことができる喜びも、オールオン4ザイゴマの大きな特長のひとつなのです。

歯が美しい（真似したい）有名人ベスト1は？

ちなみに「この方のような歯にしたい」とご指名いただいた有名人は、男性は「ガクトさん」、女性は「ガッキー（新垣結衣）さん」が、圧倒的に1位でした。歯が美しくなると、歯を見せるのが嬉しくなり、芸能人のように笑顔が素敵な美男美女になれるのです。

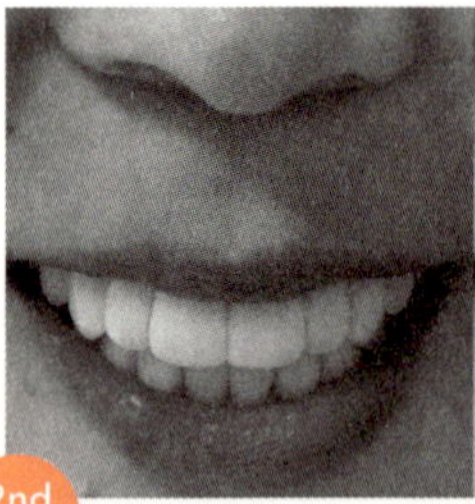

強調したデザイン

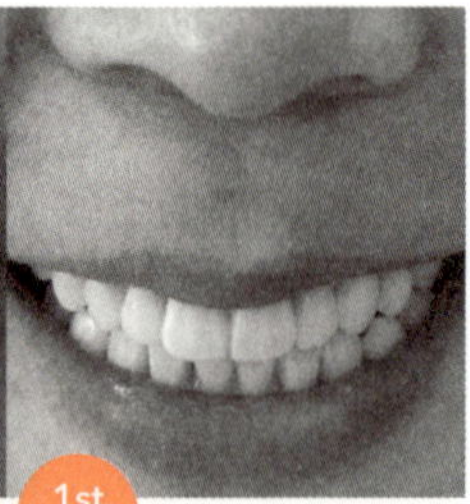

控えめなデザイン

プロトタイプで歯のデザインを変更した例です。バーチャル試適まで終え、それを元に 1st trialとしてプロトタイプを制作。顔の輪郭や特徴に合わせて歯のサイズやバランスもばっちりでしたが、ご本人としてはもう少し歯の主張を控えめにしたいとのことでした。

オールオン４ザイゴマのデメリットとリスク

医師の高度技術だけでなく患者様の協力も不可欠

他院では全てインプラントを断られてきたのですが、オールオン4ザイゴマなら上顎の骨が足りなくても大丈夫と知って嬉しい限りです。

おっと、必ずしもどんな人でもザイゴマインプラントの施術を受けられる訳ではありません。しかも手術には患者様の協力も不可欠です。ちなみにタバコは？

はい、かなりのヘビースモーカーです。

手術前と治療期間中は禁煙してもらわないといけません。喫煙すると、むせやすく、出血しやすくなり、術後の感染リスクもアップして、手術の大敵になります。また手術の際、静脈内鎮静法という麻酔法を用いますが、禁煙できないと、やや覚めた状態でオペに臨むことになります。そもそも喫煙は、血管の障害を誘発する、血栓を誘発する、呼吸機能低下を誘発する、治癒遅延を誘発する、炎症反応の増加、骨密度の低下などなど、歯科医から見て悪の権化でしかありません。

痛いのは絶対イヤなので絶対禁煙します！

ザイゴマインプラントの施術が難しい方もいらっしゃいます。例えば、糖尿病や高血圧などの基礎疾患のある方、頬骨自体が過度に薄い方、頬骨の形態が特殊な方、こういった方の場合は施術が難しいことがありますので、事前の検査で対応可能かどうか、しっかり診断させていただきますね。

外科手術と同様の高度技術
事前に知っておくべきリスク

オールオン4ザイゴマの「ザイゴマインプラント」は、オールオン4治療を拡張できる優れたインプラント手術です。当院で手術をされた方なら、その安全性やメリットについて実感し、ご理解いただけているかと思います。

しかしザイゴマインプラントについてご存知ない方、長さや埋入位置の話を聞いて抵抗のある方、歯科医師やメディアからリスク情報を得て恐怖心をお持ちの方もいらっしゃるかと思います。

ザイゴマインプラントはインプラント自体が長く、術式も複雑となるため、その操作がとても難しくなります。したがって、ノーマルインプラントの技術や術式は当然として、さらに顎顔面領域の様々な知識や経験が求められます。しかしながら、ザイゴマインプラントは知識と技術が伴った経験豊富な歯科医師が治療に携わった場合、とても有益な治療となります。患者様にとっても治療の選択肢が増え、少ない回数で治療を終えることも可能となります。また術後のインプラントの生存率も高い治療法です。

ザイゴマインプラントは当院における治療成績もよく、もっと多くの方に知っていただきたい治療といえます。本項では、ザイゴマインプラントの世界的な実績報告を踏まえて、どのようなリスクがあるのか、また当院における実績や術後の経過などについて紹介したいと思います。

上顎洞炎関連の合併症のリスク

ザイゴマインプラントを埋入した際の上顎洞炎関連の合併症（頭痛、鼻炎、前鼻漏、後鼻漏）の報告は、ザイゴマインプラントの合併症の中でも多い部類です。海外にはザイゴマインプラントを施術した患者の11％の症例で発症したと報告する文献もあるようです。

ザイゴマインプラントは上顎骨から頬骨にかけて埋入しますが、その過程でどうしても上顎洞の内部もしくは側方を経由しなければなりません。したがって、上顎洞を内包しているシュナイダー膜を穿孔してしまうリスクがあります。シュナイダー膜を穿孔した場合、口腔内と上顎洞内が一部交通します。すると、上顎洞炎のリスクが上昇します。

また、ザイゴマインプラントの埋入操作は術野が狭いうえ、インプラント自体の長さが長く、視野の確保が困難です。それゆえ、手指感覚での操作を余儀なくされます。

なお、歯科医師のほとんどが3DモデルやCT画像によるシミュレーションソフトを使って、埋入位置や角度をシミュレーションしますが、ザイゴマインプラントとなると通常のインプラントよりも

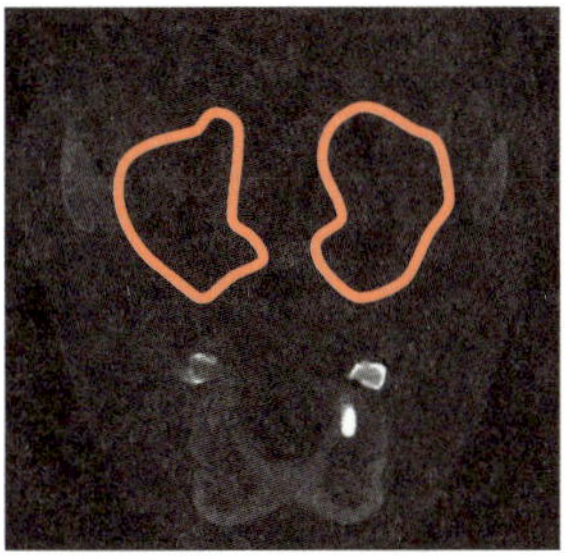

上顎洞内に肥厚した鼻腔粘膜（赤丸）

深い部位になるため、通常のインプラントガイドでは誤差が生じる場合もあります。すると、ザイゴマインプラントの埋入方向に誤差が生じ、上顎洞炎のリスクを上げてしまいます。

リスクに対処する当院の仕組み

では当院ではどのような対策を行っているのでしょうか。当院はCT画像を分析し、上顎洞の形態によって難易度を把握します。これはZAGA分類と呼ばれ、歯槽骨と上顎洞、頬骨の解剖学的形状をタイプごとに分類します。一般社団法人ザイゴマインプラント協会では、このZAGA分類を独自に難易度分類しており、その難易度に応じたザイゴマインプラントの埋入シミュレーションを行いますので、安全でスムーズな手術が可能となっています。また、手術中にシュナイダー膜を破らないよう愛護的処置を行います。この時に特殊な術式や器具を用いるなど専門的な対策をしております。

これらの工夫もあり、当院では手術直後に上顎洞炎の症状を認めた方は一人もいません。しかしながら術後に一定の年月が経過すると、上顎洞炎の症状を認める方も少数ですがいます。

それは、上顎洞とザイゴマインプラントの位置関係、菲薄な上顎骨、上顎洞と口腔内がつながっていることなどの解剖学的な要因に加え、喫煙、過度な口腔内清掃、鼻を強くかんで圧抜きするなどの生活習慣、風邪などによる二次感染に起因するものなど、様々です。当院で数百症例のザイゴマインプラントの患者様を調べたところ、その内2％ほどに術後に上顎洞炎の症状を認めていました。しかし当院の場合、術後に上顎洞炎の症状を確認した場合、特殊な消炎方法にて対応し、上顎洞炎の症状を抑えております。

頬に瘻孔ができるリスク

海外の文献によると、ザイゴマインプラントの先端部が感染し、頬骨の周囲に膿瘍が形成され、頬部に瘻孔（感染したことによる体の防御御応でできた膿の通り道）を認めた例があるようです。当院

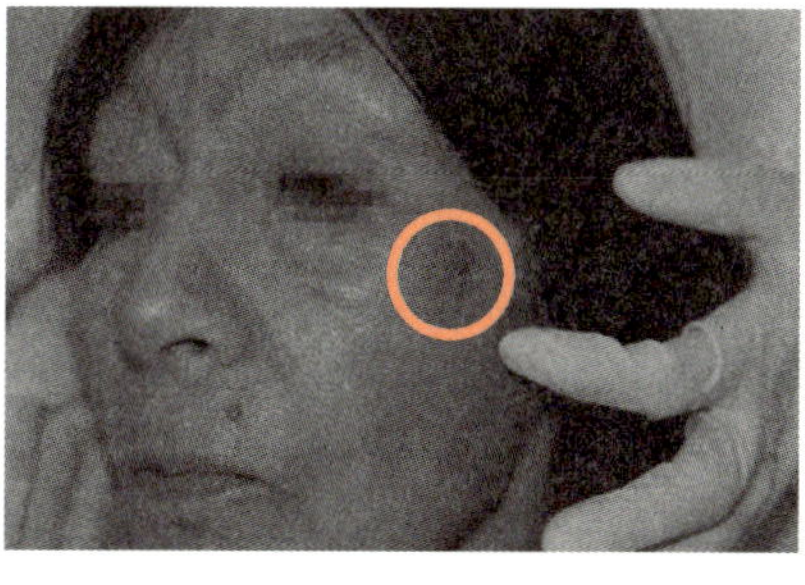

頬部に認められた瘻孔（赤丸）
※Graftless Solutions for the Edentulous Patientより引用

では、２０１７年からこの手術に携わってきましたが、そのような例は発生しておりません。

これには様々な理由が考えられます。例えば当院では、感染に強い、細菌の広がりを防ぐ構造のインプラント体を使用しております。インプラントの構造によって術後の症状が大きく異なるという事実はあまり知られておりません。

また、準備や術式も異なります。当院では、事前にＣＴ撮影を行いシミュレーションソフトを使用して、埋入位置を事前に決定します。この時に、頬骨の位置や骨質や厚み、上顎洞との位置関係を網羅してから手術に臨みます。

さらに、ザイゴマインプラントの術式は、全症例「イージー４コンセプト（EZ4 concept）」で行います。これは、頬骨（Zygomatic bone）を上顎骨の外側からアプローチする施術法となり、２０１７年に私が発表したオールオン４ザイゴマの術式のコンセプトです。イージー４コンセプトの「イージー（ＥＺ）」ですが、これはシンプルな術式コンセプトという意味と、Extra Zygomatic all-on-4 の頭文字からきています。その上で感染予防も行って手術に臨みますので、瘻孔を認めず頬部膿瘍を発症しないことにつながっていると考えられます。

ザイゴマインプラントの周囲炎リスク

インプラント周囲炎を発症した報告も一部の海外文献でありますザイゴマインプラントの場合、頬骨と物理的・化学的に結合するため、感染源となりうる細菌は頬骨・上顎洞周囲のものとなります。これは口腔内の細菌とは異なるものとされています。したがって、文献によっては、インプラント周囲炎ではなく、ザイゴマインプラント周囲炎と呼ぶ場合もあるようです。

当院では、術後の注意事項を遵守し喫煙などの原因となるような行動がない方には、ザイゴマインプラント周囲炎は基本的には皆無です。

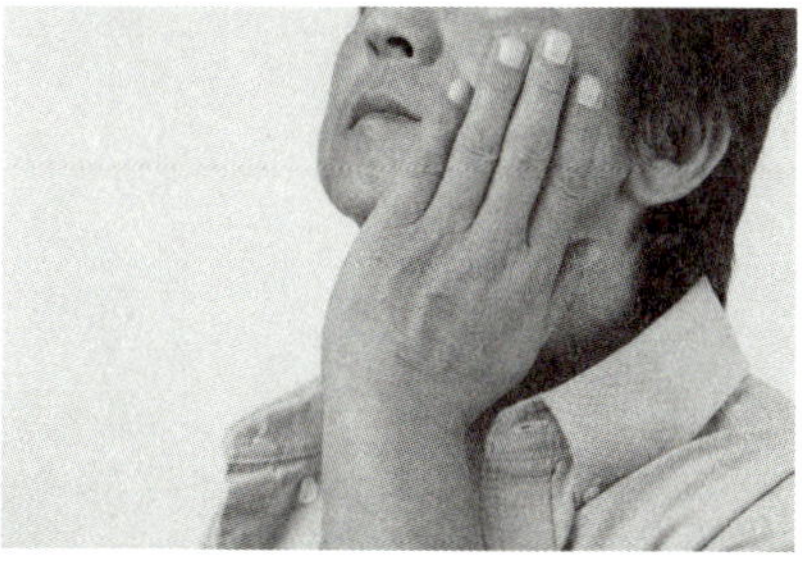

ザイゴマインプラント周囲炎

しかし、ザイゴマインプラントが骨と化学的に結合する前に仮歯が割れたり、食いしばりなどの強い力が原因でザイゴマインプラント周囲炎を発症した例が残念ながらあります。ザイゴマインプラントは基本的に感染に強い構造で、何かしらの特殊な原因がない限りは、そういったことにはなりません。当院ではそのようなトラブルとならないよう、常に細心の注意を払って処置に携わっております。

眼の損傷のリスク

ザイゴマインプラントはその長さと埋入位置の関係で、眼を損傷させるリスクが生じます。基本的に頬骨と眼の位置関係は離れており、正しい操作を行っていれば損傷させることはありません。

ですが、頬骨の埋入スペースがあまりない、頬骨の位置が特殊な位置にあり眼との距離が近い、骨質が弱いなどの問題がある場合、埋入方向や位置を変える必要が出てきます。その場合、眼を損傷させてしまうリスクが上がります。

しかし当院では、CTによる精密なシミュレーション、しっかりとした視野の確保、手指感覚による適切なトラブルシューティングを行うことができる豊富な治療実績、さらには顎顔面外傷における豊富な手術経験があり、眼を損傷させるリスクを防いでおります。そのため、当院では今まで患者様の眼を損傷させた例は皆無です。しかしながら、以上のようなリスクが一応あるということを、手術を受けられる方は知っておくべきかと思います。

希望の光となりうる施術

やはりザイゴマインプラントを行う以上、前述のようなリスクがつきまとうのも事実です。しかし、それらのリスクを差し引いてもザイゴマインプラントはそのリスクに見合った価値のある手術だと考えます。上顎の骨が足りない場合でも即時埋入可能で、即時荷重（骨との化学的結合を待つことなく歯を当日より使用）も可能です。歯がない方、虫歯と歯周病が酷い方、入れ歯が合わない方、入れ歯

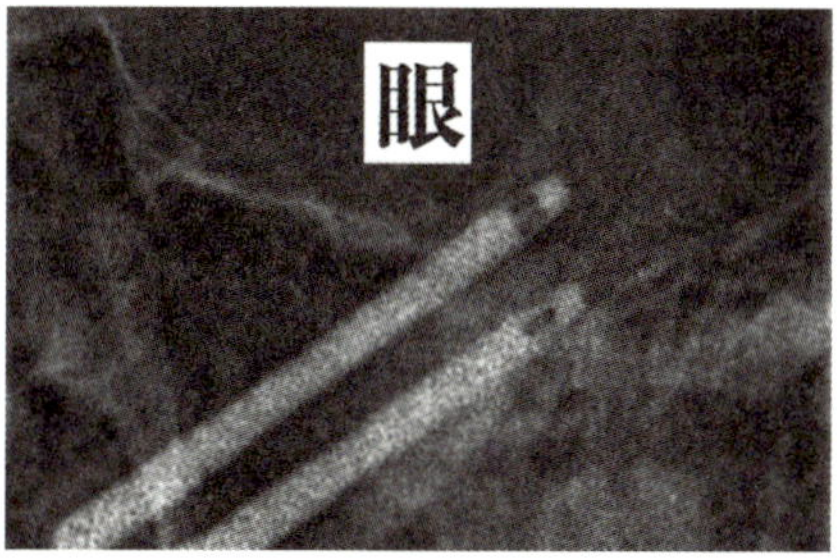

眼とザイゴマインプラントが近接
※GSEPより引用

をしたくない方、ノーマルインプラントを断られた方、歯茎が痛くて食事ができない方…このような悩みをお持ちの多くの方に、一筋の希望の光となりうる救いのインプラント、それがザイゴマインプラントだと実感しております。

患者自身の協力も不可欠

これから、ザイゴマインプラントをお考えの方は、リスクという側面も正しく認識していただき、その上で治療に望まれることをお勧めいたします。ザイゴマインプラントは正確な埋入操作やその術式が重要で、完全にマスターしている歯科医師は、まだごく一握りとなります。私をはじめ当院は、一般社団法人ザイゴマインプラント協会を通してザイゴマインプラントの術式や術後の経過を共有し、日本全国の歯科医師と共に日々、学びを深めています。それに加え、ザイゴマインプラント治療を成功に導くためには、禁煙などの患者様のご協力も必要不可欠となります。

喫煙はザイゴマインプラントと
相性が悪い

高度な技術と患者様の協力、どちらが欠けても前述のようなリスクにつながる可能性は少なからずあります。歯科医院の術者や支援スタッフ、患者様が一丸となってスクラムを組み、ザイゴマインプラントの成功につなげていくことが大事なのです。

お断りせざるを得ない場合も

当院には世界中から様々な患者さんが来られます。そして来院された理由も、御身体の状態も、お口の中の状態も、生活習慣も、当然全く違います。ですので、当院では、患者さん一人ひとりに合わせたオーダーメイド治療を実践していかなければなりません。

どんな方に対しても理想的な治療を目指してはいますが、やはり難しい場合もありますので、その場合は前記のようなことを思い出していただければ幸いです。

ナルト先生のナルほど話

2

30代や40代でも歯周病で歯を失う場合がある

中高年以降になると、免疫力が下がったり、骨粗しょう症で顎骨や歯が傷みやすくなり、歯周病が悪化しやすくなります。でも若くして歯周病が悪化するケースも少なくありません。

●差し歯が虫歯になったのを放置

歯科治療では虫歯になると段階に応じて神経の治療が必要となります。神経の治療後に土台を立てて被せ物をした場合「差し歯」と呼ばれます。差し歯は神経がないため、神経がある歯に比べて虫歯になりやすいのです。また神経がないため痛みもなく、虫歯が進行してしまいがちです。

1、2本の歯で虫歯が進行したとしても、多忙な現代社会、ついつい放置してしまう場合も少なくないと思います。その結果、歯根が割れたり、差し歯の土台が外れたりします。歯根が割れると、痛みや腫れが出始めます。そして、症状が進むと歯がボロボロになり、歯の衛生環境も悪化、歯周病が進行する悪循環に陥ります。すると歯を支える歯槽骨が溶かされ、歯がぐらぐらになってしまいます。

虫歯や歯周病が進行してしまう前に歯科医院への受診が必要です。虫歯も歯周病も軽度であれば、歯を保存した治療ができます。しかし、かなり悪化してから受診すると「抜歯が必要」といわれることが少なくありません。

●成人歯列矯正の副作用

「若い時から歯並びを直したかった」「昔と比べて歯並びが悪くなった」「お金に余裕ができたので」…以上のような理由で、最近は30代～50代の方でも歯列矯正治療を検討される場合があります。

しかし成人の歯列矯正の場合、リスクがないわけではありません。加齢に伴い骨の水分が失われ、歯を支える歯槽骨が硬くなりがちです。そのため、通常より強めの矯正力をかける場合があります。もしそれが「過度な矯正力」となった場合、歯周組織を損傷させ、そのため急激に歯周病が進むことがあります。

他にも矯正治療中のタバコや飲酒、妊娠出産なども歯周病を悪化させがちです。また、自己免疫疾患や骨粗しょう症のお薬を内服している場合も、副作用で歯周病が悪化する可能性があります。成人の歯列矯正治療の場合、事前にしっかりと担当歯科医師と話し合うことが不可欠となります。

第3章

オールオン4ザイゴマの治療の流れ

カウンセリング、手術前から仮歯まで

あまり知られていない最新治療法を実況中継！

「オールオン４（ノーマル）」や「ザイゴマインプラント」は「ほとんどの歯がない」「全部の歯がボロボロ、ぐらぐらになってしまった」というような、深刻なお悩みの患者様に対する、最新の特殊治療になります。

したがって、１日で全ての歯を治療可能なオールオン４ザイゴマにあなたが興味を持たれても、まだ一般に普及していない革新的な治療であるゆえ、その治療の具体的な流れを知る機会は少ないと思います。

そこで今回、当院の患者様である岡本健二（仮名）様に協力していただき、実例という形で、岡本様の経験を基にオールオン4ザイゴマの治療の流れを紹介したいと思います。

人物紹介：岡本健二（仮名）

30代男性、楽器店経営。上顎にオールオン4ザイゴマ、下顎にオールオン4ノーマルを施術。

STEP1 情報収集・問い合わせ

「前歯がぐらぐらして、今にも取れそう」
「仕事柄、歯のない期間があると困るので1日で治療したい」
「総入れ歯しかないと言われてしまった」
「大量の本数のインプラント治療を提案された」

患者様は様々なお悩みをお持ちです。どれか当てはまるものはありますか？　岡本様からは次のようなメールをいただきました。

岡本様「数年前に他院で造ってもらった前歯の差し歯がぐらぐらして取れてしまいました。お客様と話をする職業なので何とかすることはできませんか？」

岡本様からいただいたメールの文面から、見栄えよく歯を治療したいという懸命な思いが伝わりました。私もどうにかその思いに応えられないかと考えました。そのためにも岡本様の病状、歯や骨の状態を詳しく知る必要があります。その後、岡本様と電話でお話をして、一度受診に来ていただいて治療相談を行うことになりました。

なお、実際におおたわ歯科医院に予約やお問い合わせをいただく手段として電話やネットなど様々な方法があります。

お問い合せ

- 電話　0120-118-372
- メール　info@ootawa-dc･com
- ホームページの問い合わせフォーム　https://ootawa-dc.com/inquiry/
- ホームページの無料オンライン診療　https://ootawa-dc.com/5568-2/

電話でお話だけもできますし、メールでオールオン4ザイゴマの相談を受けることもあります。無料オンライン診療では受診に来ずとも詳細にご自身の歯の状態やインプラント治療などについて知ることができます。患者様の中にはセカンドオピニオンとしてメールなどでCTスキャンのデータを送ってくださる方もいます。

STEP2 ― 実際に治療相談

岡本様の場合、STEP1にて「オールオン4ザイゴマについて知りたい。自分にもできるか知りたい」とのことで受診されました。

岡本様「私の場合、歯のない時期があると仕事に支障をきたすので、1日で全ての歯を治療できる「オールオン4ザイゴマ」しかないと考えていました。ただ、治療費がどのくらいかかるのかが、一番不安でした」

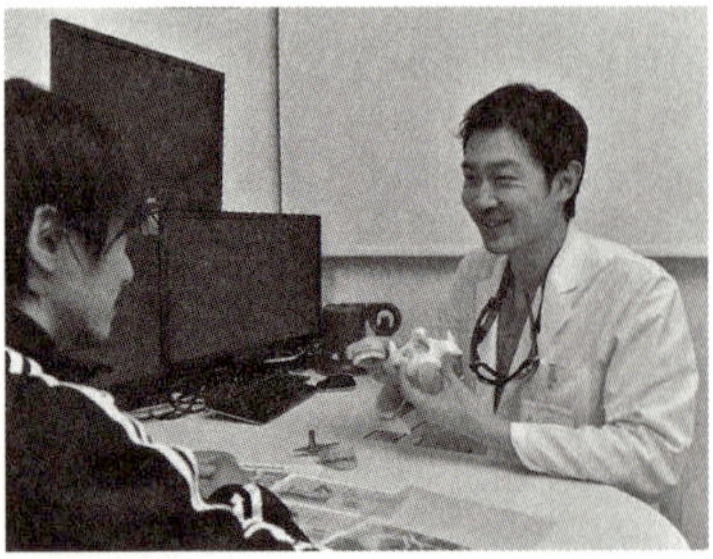

ご自身にとっての悩みと要望を
教えてください

最初は問診からになります。主訴（一番のお悩み）のヒアリングから始まります。歯の悩みや要望をなんでも教えてください。

「インプラントの治療費を抑えたい」
「インプラントがうまくいかなかった」
「入れ歯しか無理と言われた」
「セカンドオピニオンをしてほしい」

患者様によって要望は様々です。他に、基礎疾患の有無（心臓病や糖尿病など）や内服薬の有無などの問診をさせていただきます。

その次に、お口まわりのパノラマX線（全体的なレントゲン）やCTスキャン（3次元的なレントゲン）による画像検査を行います。ご自身の歯や顎骨の状態などを一緒に確認します。骨の形状やボリュームは、患者様100人につき100通りあるため、精密

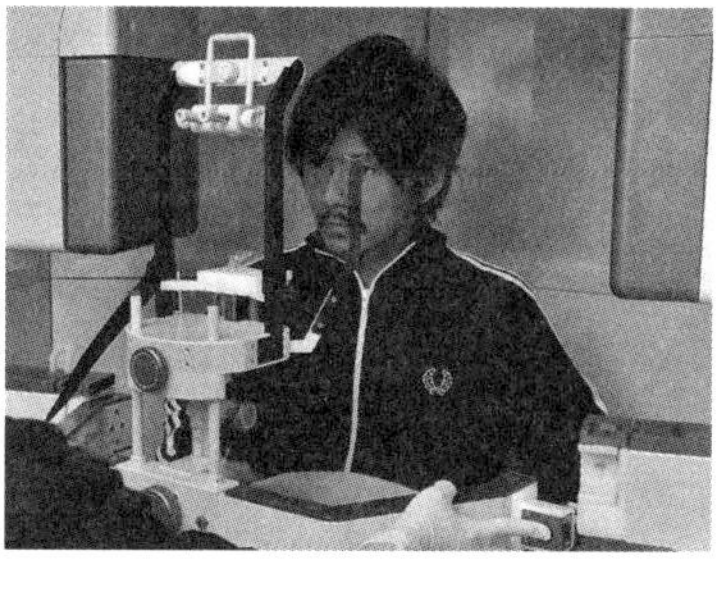

全体的なレントゲンや CT による画像検査

な検査が必要となります。それらはオールオン4ザイゴマの手術シミュレーションに必須となります。

手術に必要な情報が揃ったら、オールオン4ザイゴマの施術方針がほぼ確定します。それを元に、オールオン4ザイゴマについて再度、説明を行います。他の治療との違いやメリット・デメリットの確認は重要です。そして手術当日他のタイムスケジュールの説明を行い、治療費の提示を行います。そして手術が確定になった時にはじめて、次のSTEPに進んでいきます。

なお、治療費は健康保険の適用外となるため、一度ゆっくり検討されたい場合もあるかと思います。その場合は、相談料は無料。簡易検査もされた場合は検査料として3300円ほどのみ、頂戴しております。

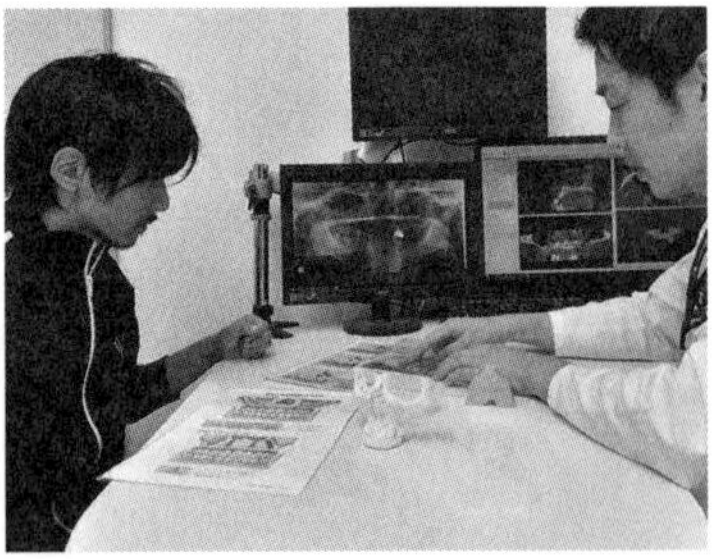

手術の術式と治療費の提示

オールオン4ザイゴマの治療費は通常のインプラント治療に比べ、1本あたりの治療費は確かに割安でした。しかし、1日で全ての歯の治療を終えるので、12本分の歯の治療費（上下だと24本分）がかかります。

STEP3 手術日確定と術前検査

手術日が確定しましたら、術前検査をしていきます。顔全体で見た時の歯や歯肉の位置の歪みを確認していきます。手術前のボロボロやぐらぐらとなってしまった歯並びに顔全体からどれだけの歪みがあったのかを客観的な資料として残していきます。オールオン4ザイゴマでは、12本分の歯と歯肉のブリッジを全て1日で固定します。

したがって、ずれてしまった歪みを補正することになるため重要な検査項目になります。

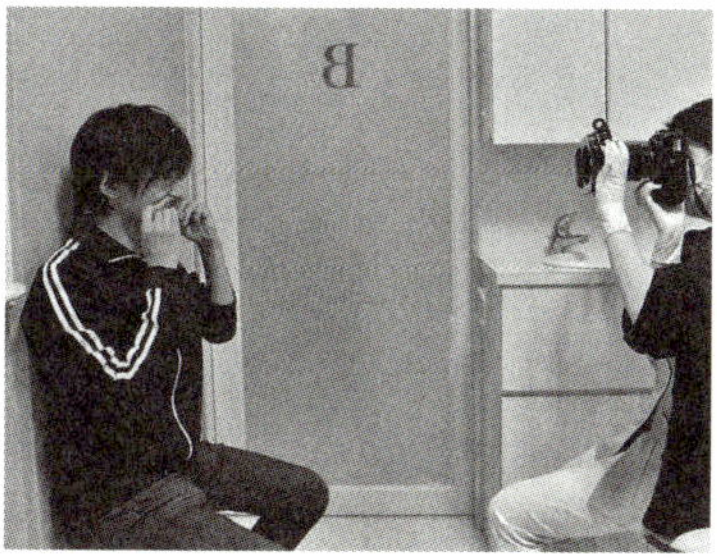

歯に対する顔貌軟組織の術前検査

手術日に入る仮歯のための型取りは、印象採得と呼ばれます。歯がぐらぐらで取れてしまいそうな場合は、口腔内スキャナ（Intra Oral Scanner）と呼ばれるカメラで印象採得を行います。口腔内スキャナは歯を触らずに撮影することで歯型の3Dデータ収集をするので、歯が抜ける心配もありません。歯の型取りにより、患者様の歯列の幅と奥行きを確認し、手術当日に入る仮歯を製作していきます。

岡本様「手術前に必要なデータを全て揃えて、仮歯まであらかじめ準備しておくのにはびっくりしました。どうして歯を抜いた当時に固定式の歯が入るのかがわかりました。」

STEP4　手術日当日・術前

岡本様は昔ボクシングをされていたそうで上顎の歯をほぼ全てな

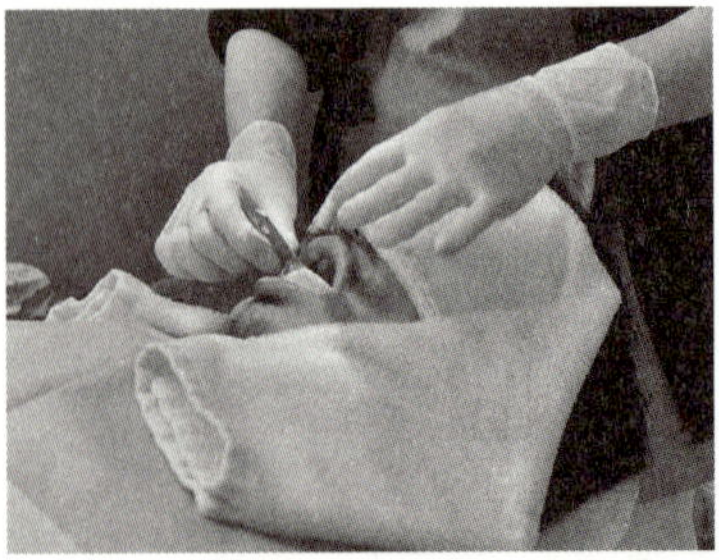

手術日に入る仮歯のための型取り

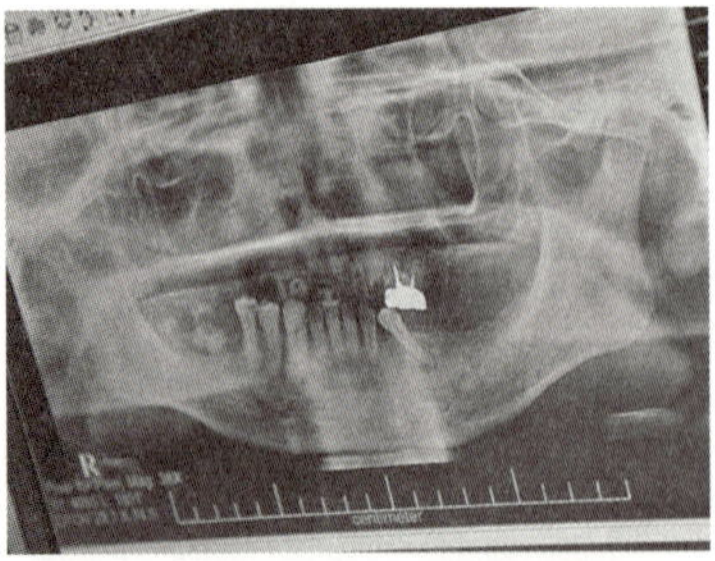

オールオン4の術前のパノラマX線画像

くしていました。どこの歯科医院にいっても「上顎の骨がないから入れ歯しか施術できない」と言われたそうです。まだ若かったこともあり、岡本様は入れ歯自体を受け入れることができなかったそうです。そのまま長期間放置をしていると右下の歯が伸びてきて咬み合わせが悪くなってしまい、いよいよ食事もままならなくなったので治療したいとのことでした。

専門の歯科麻酔科医が手術前に静脈鎮静麻酔を行います。やはり皆様、大なり小なり緊張感はあると思います。この麻酔法により緊張感や恐怖心はなくなり、鎮静剤の点滴を行いながらリラックスした状態で手術が受けられます。しかも入院の必要はなく、処置が終了すればその日のうちに帰宅できます。ただし、自家用車で来院して手術を受けられる場合は、近隣のホテルに宿泊、もしくは代行運転をお願いしています。

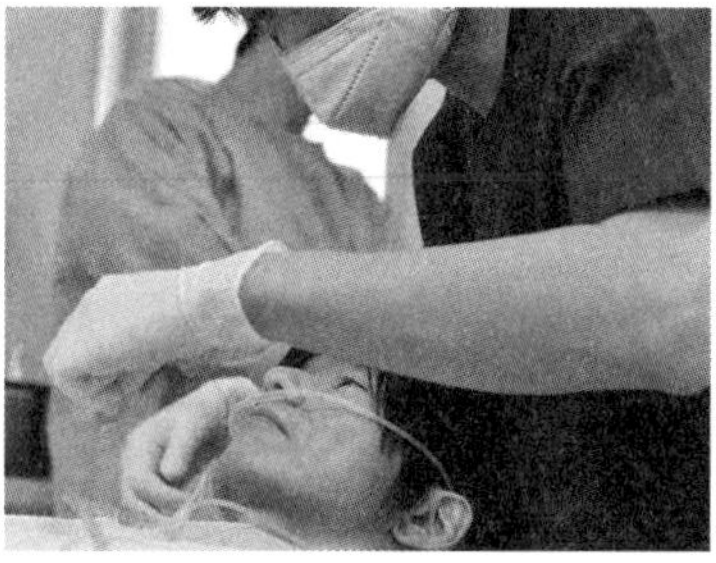
静脈鎮静麻酔により手術の恐怖はありません

岡本様「麻酔のチューブをつけられ『いよいよ始まるんだ…』と緊張していたのを覚えています。先生と『歯が入ったら食べたいものは？』と話していると、そのまま眠ってしまいました」

STEP5　手術日当日・術中

いよいよ手術開始です。患者様からすると「怖い」「痛そう」と身構えてしまうかもしれませんが、実際は静脈鎮静麻酔によりリラックスしているのと併せて、局所麻酔薬も使用するので痛みは感じないです。

岡本様の治療計画は、
上顎：オールオン４ザイゴマ
下顎：オールオン４ノーマル
の術式です。上顎は４本だけのザイゴマインプラントでオールオ

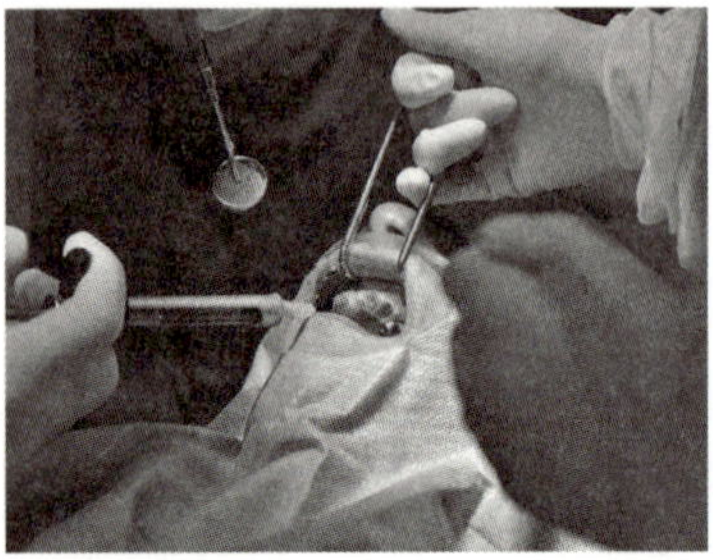

上下のオールオン4の手術開始

ン4を完成させます。

下顎も4本だけのインプラントを角度をつけてバランスよく配置します。この手術計画だと通常は3時間くらいの手術となります。

麻酔記録を取りながら手術を進めます。手術は安全に終えることが一番です。手術の手技は重要ですが、それと同様に重要なのが、術式の選択、術中のコントロールです。岡本様の場合、下顎の正中部に埋伏歯があり抜去をしたため、術式に変更を加えました。麻酔のコントロールもそれに合わせて調整されました。

STEP6 手術日当日・術後

麻酔が覚めるとすぐに歯を確認できます。上下に歯列（仮歯）がしっかり入ったのを確認してもらいます。静脈内鎖静法なので意識が聡明になるのは早いのですが、術後すぐは頭がすっきりしないので、1時間ほど休憩していただきます。それでも皆様、歯を見て安

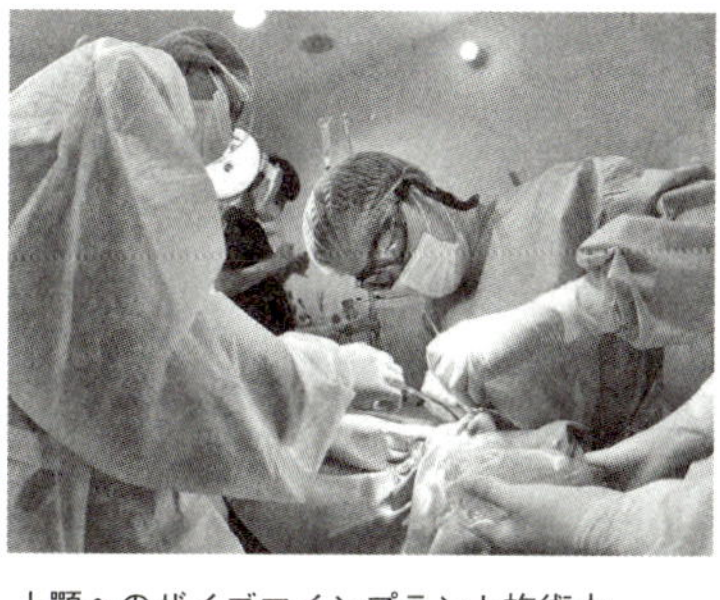

上顎へのザイゴマインプラント施術中

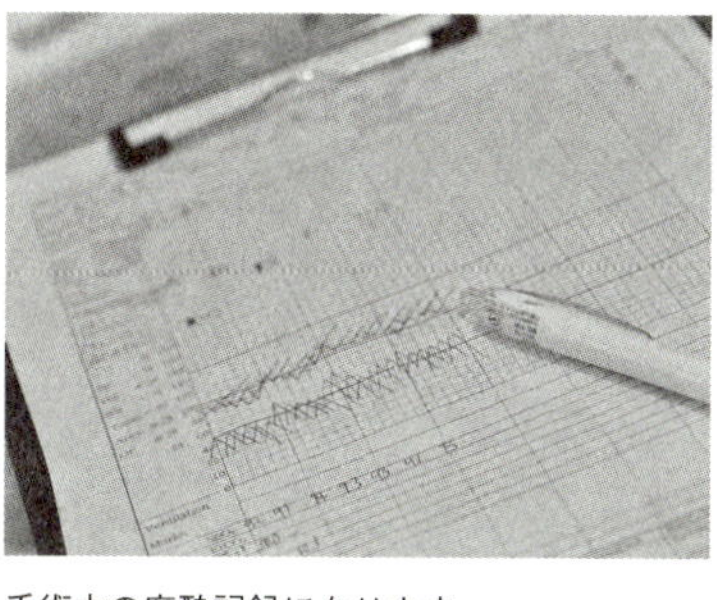

手術中の麻酔記録になります

心し、自然と笑顔がこぼれる瞬間になります。休憩後に足取りがしっかりしているのを確認して帰宅となります。

岡本様「少しずつ目が覚めてくるのがわかりました。痛みなどはなく『少し疲れたな』『もう少し寝たいな』と感じました。歯が入ったのを確認させてもらえて嬉しかったです」

手術後のパノラマX線画像で、インプラントが適正な位置に施術できているかを確認します。術前は上下、左右ともに噛み合わせのバランスが崩れていたので、できるだけ噛み合わせが自然なポジションになるようにインプラントを配置しました。オールオン4（ノーマル）やオールオン4ザイゴマの全てを45N・m以上の高トルクで締結しました。

術前で特徴的だったのは「上の歯がない」「下の歯が飛び出ている」「深いほうれい線」「鼻下から顎先の短さ」でした。この4点は全て

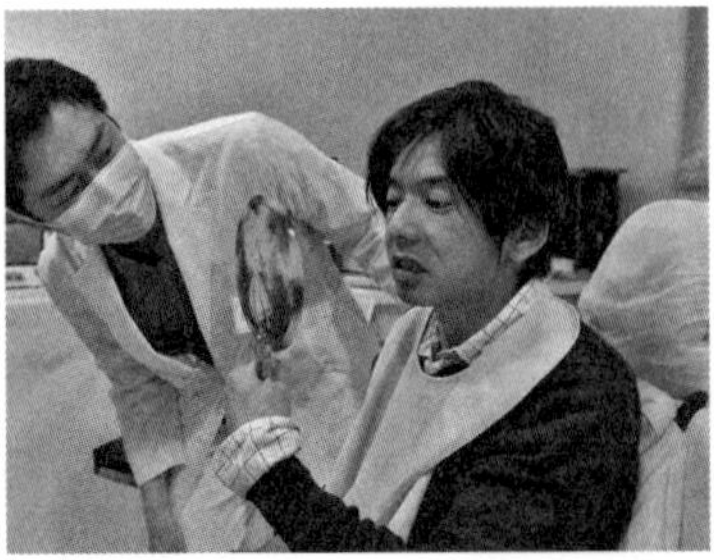

手術を終えてすぐ、歯がしっかり入ったのを確認してもらっています。

関連性があります。

術後は上下ともにバランスの取れた歯が入ることで「綺麗な上の歯」となり「下の歯も上の歯に収まる」状態となっています。そして、新たに入った歯がリップサポートとして唇周囲の軟組織を支えることで「ほうれい線に張り」が戻り「鼻下から顎先への適切な長さ」が獲得されました。

STEP7 手術を終えて

岡本様「術後2週間もすると痛みや腫れはなくなり、自然に笑えるようになってきました。これまでかなり長い間『歯を見られたくない』と意識的に歯を隠していたと思います」
「歯を見られても大丈夫！」と意識的に歯を見せられるようになると、口角を上げて思いっきり笑えるようになってきます。きっと自

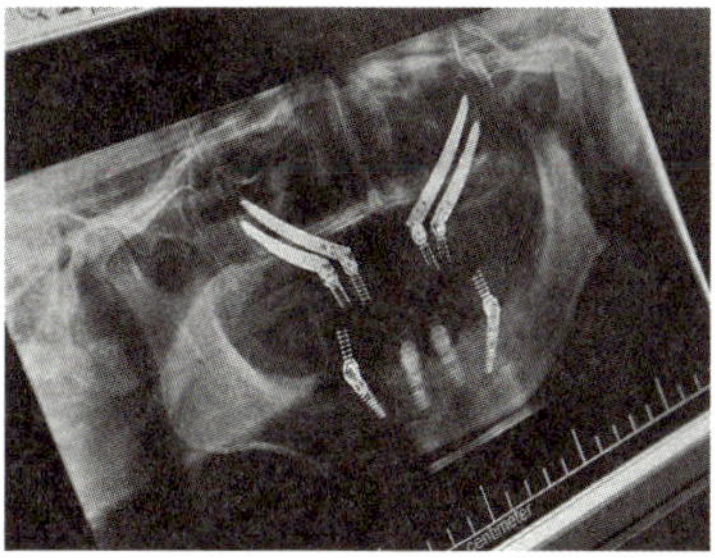

オールオン4術後の
パノラマX線画像

信を取り戻すことができると思います。

この歯はとても綺麗で自然に見えると思いますが、まだ仮歯（プロビジョナルレストレーション）です。岡本様の場合、これから3か月後を目途に本歯（ファイナルレストレーション）に切り替えていきます。今より強く、さらに美しい歯になっていきます。本歯は自身の歯のイメージ（色調、形状、大きさ、並びなど）をほとんど反映することが可能となります。

今項では、オールオン4ザイゴマの治療の流れを、STEP毎に紹介しました。当院では「上顎だけのオールオン4は1・5時間程度」「上顎と下顎同時のオールオン4は2・5時間程度」で施術することが多いです。早い場合は上下同時でも2時間を切ることもあります。1日で治療を完結できるので遠方からの患者様も多いです。STEP2の手術前の来院が難しい場合は、無料オンライン診察で相談を受けていきます。よかったら一度ぜひ、お問い合わせください。

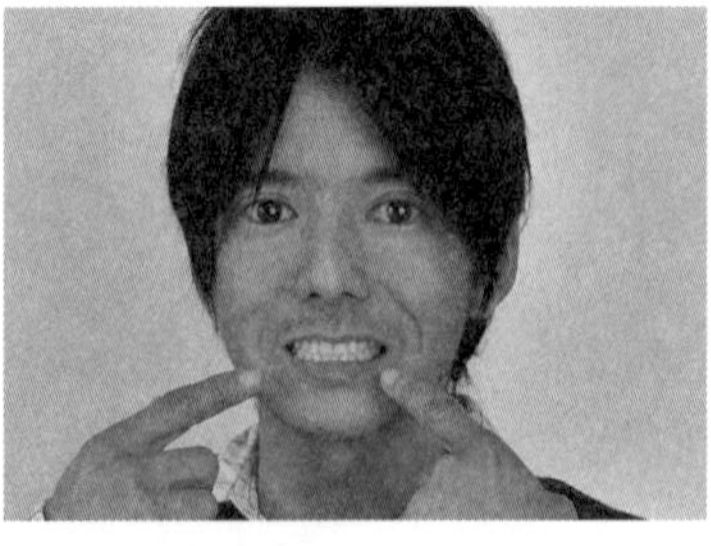

術後2週間を経過するとより自然な笑顔になります

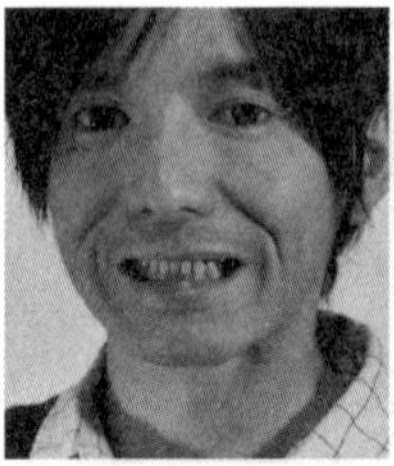

Before [09:00]

After [12:40]

たった1日でここまで変わります！

本歯は妥協しない造りとナチュラルな着け心地

仮歯から本歯（最終上部構造）ができるまで

オールオン4ザイゴマは、歯を抜くその日に美しい仮歯が入りますが、その後、本歯（最終上部構造）ができるまでに、どのようなステップを進んでいくのでしょうか?

オールオン4ザイゴマにおける最終上部構造とは、4本のインプラントで支える「12本分の歯と歯肉で構成されたジルコニア製のロングブリッジ」のことです。他に、チタンフレームやペクトンフレームにプラスチックを貼り付けたものもあります。

本項では、オールオン4ザイゴマの手術後に装着する美しい仮歯を、約3か月〜半年後に本歯（上部構造）に変更していく手順について具体例とともに説明していきます。

なお、ここで紹介する方法は「オールオン4ザイゴマ　プロトタイプシミュレーション（TM）」と呼ばれる、当院の独自手法となります。上部構造や被せ物の形状や大きさ、位置に満足されていない方は必見です。

手術で仮歯を装着する

手術前の口元の写真をご覧ください。この方は、上顎に大きな義歯が入っていたため、外した状態の口元です。笑顔なのですが、なんとなく自信がないような、歯を隠そうとしているように見えます。

この方ですが、約2時間ほどのオールオン4ザイゴマの手術を受けていただき、その後に仮歯（プロビジョナルレストレーション）を装着していただきました。

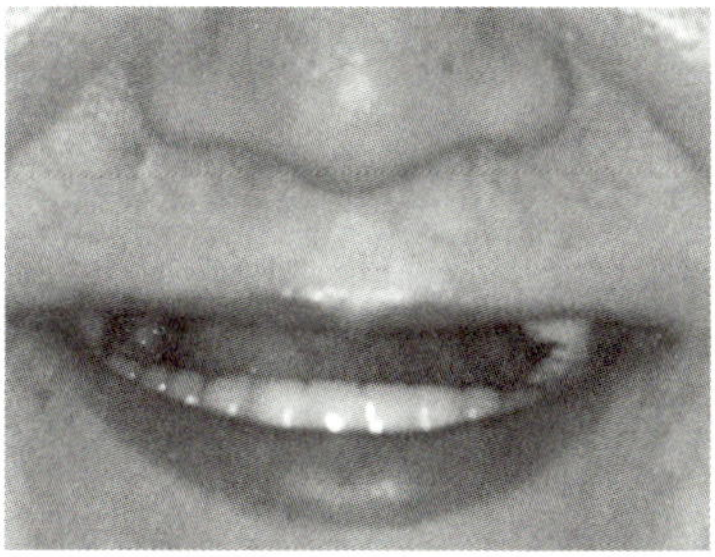
手術前の口元の写真

次の写真は手術後の口元です。術後は仮歯（プロビジョナルレストレーション）を装着します。上の歯全部が仮歯となります。とても自然に見えますね。笑顔も手術前と比べると、歯を見せられる喜びと自信が芽生え始めている感じがします。

この仮歯を本歯（最終上部構造）に置き換えていかなければなりません。

当院では全て、最新のＣＡＤソフトウェアで設計していきます。そして、最新の３Ｄプリンターで具現化していきます。プロビジョナル（仮歯）のデータを参考にして、本歯は造られていきます。この仮歯のデータ自体を完全にコピーすることもできます。でもそれだけで「完璧」といえるでしょうか？

完璧な歯とは、歯科医師が付与した機能性と形態に、患者様自身の審美観とが合致するデザインの歯、と私たちは考えています。

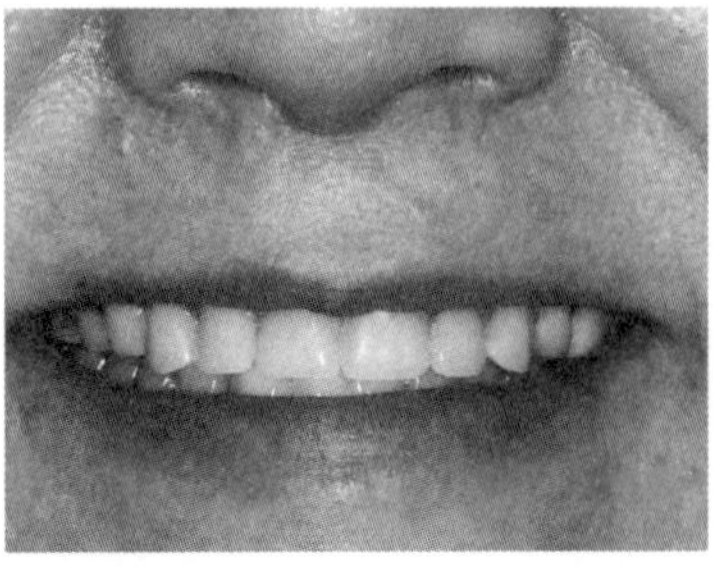

術後に仮歯を装着した
口元の写真

仮歯を装着した患者様から「真ん中の歯を大きくしてほしい」や「二番目の歯を少し隠れるようにしてほしい」などのリクエストが、実は結構あります。つまり、仮歯のコピーだけでは完璧な歯とはいえないのです。

ですので当院では、本歯を製作するための「本歯の試作」＝「プロトタイプの製作」を行っています。完璧な本歯を造るために、ここまで念入りにする歯科医院は、世界的にもかなり少数かと思います。でも、これにより患者様の理想とする歯にさらに一歩近づくと考えています。

仮歯のデータから本歯の試作品を設計、製作する

まずは、ある程度満足して使っていただいたオールオン４の仮歯（プロビジョナルレストレーション）をお預かりして、３次元スキャナーで完全にコピーします。もちろん、コピーのまま製作もできるのですが、あくまで仮歯なので、壊れないように歯肉を分厚くして

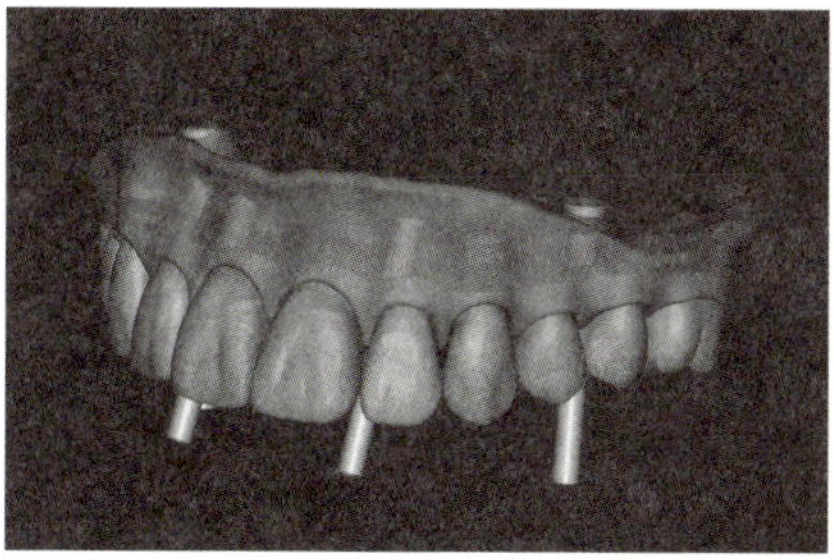

最新のCAD上で設計されたオールオン4のブリッジ（本歯）

いたりするので、より綺麗に、より歯肉も薄くなるよう設計し直していきます。

コンピューター上で設計された本歯のデザインを3Dプリンターを使い「プロトタイプ」として試作します。これは、本歯となるジルコニアブリッジの試作品となります。

試作品を装着して実際に確認してもらう

オールオン4ザイゴマのプロトタイプを実際に試適をしてもらいます。本歯（最終補綴物）として装着されるジルコニアブリッジの試作品として3Dプリンターで製作された樹脂製のプロトタイプを装着することで、シミュレーションを行います。オーダーメイドの洋服の試着に近い感じとなります。

ちなみに、この方の仮歯からのリクエストは、

①左右一番目の前歯2つをやや長めにしてほしい。

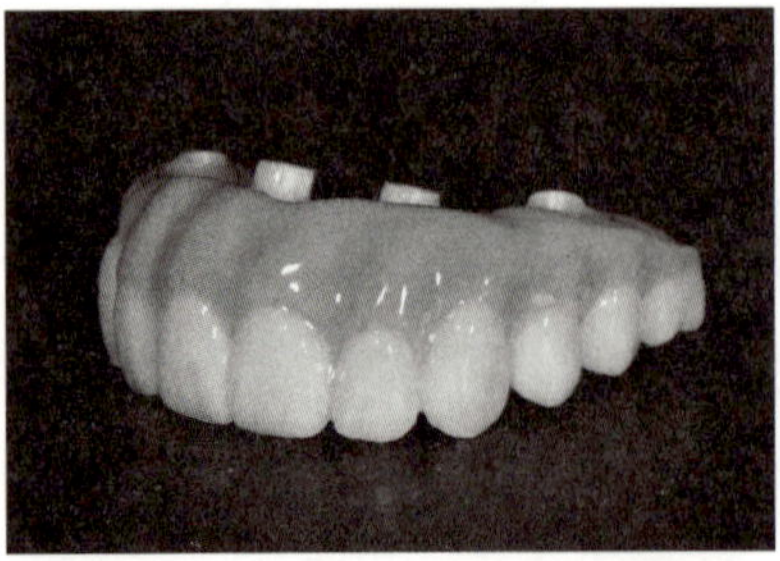

3Dプリンターで製作された
本歯の試作品（プロトタイプ）

②左右二番目の歯を一番目の前歯に少し隠れるようにしてほしい。
③前歯から奥歯にかけて斜めに配列されているようにしてほしい。
の3点でした。実際に装着していただいて、プロトタイプと自身のもっている審美観とのズレがないことを確認していただきました。

プロトタイプ試着での追加リクエストは「上顎最後方の歯と頬の当たりを一部弱めてほしい」と「歯のとがりをほんの少し丸めてほしい」だけでした。

試作品データを改良して、本歯のジルコニアブリッジを切削・焼成する

以上の工程を経て、ようやく本歯の製作に取り掛かります。オールオン4ザイゴマのプロトタイプ（試作品）を患者様に装着してもらった後、その際のリクエストを試作品データに反映・改良をしていきます。それから、ジルコニアブリッジを削りだしていきます。

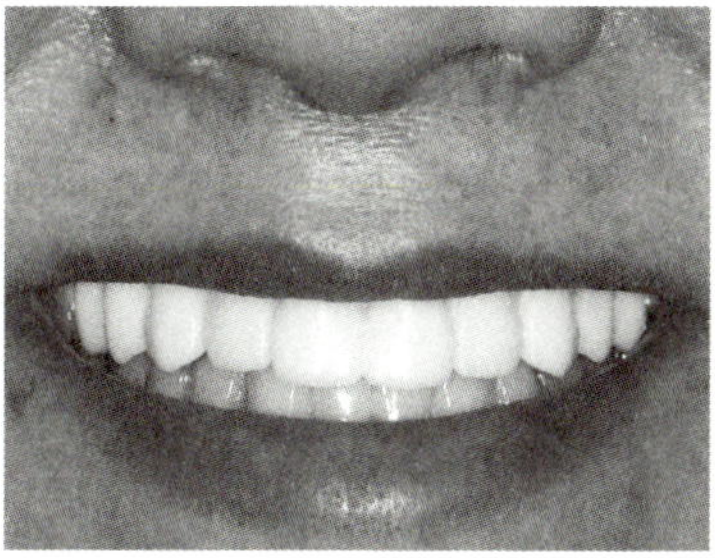

本歯の試作品（プロトタイプ）
を試適した口元の写真

削りだされたジルコニアブリッジは患者様の歯と歯肉のシェード（色と明るさ）に合わせて焼成していきます。

この患者様の希望された歯のシェード（色と明るさ）はA1でした。歯肉は優しい色味です。この患者様の口腔内は、歯肉が薄く淡い色になっているため、それも参考にしました。この歯肉の色味も患者様一人ひとりで異なります。写真で確認をしながら、自然な色を目指します。

本歯のジルコニアブリッジをセットする

そして最後に装着です。写真は本歯の完成品となります。ジルコニアだけで焼成されたオールオン4ジルコニアブリッジです。CAD/CAMの削り出しとなりますので、コンピューターで精密にデザインされたものが、ほぼそのまま表現されています。ジルコニアは非常に強い素材で汚れも付着しにくく、さらに陶器のような艶も出る優れたマテリアルです。

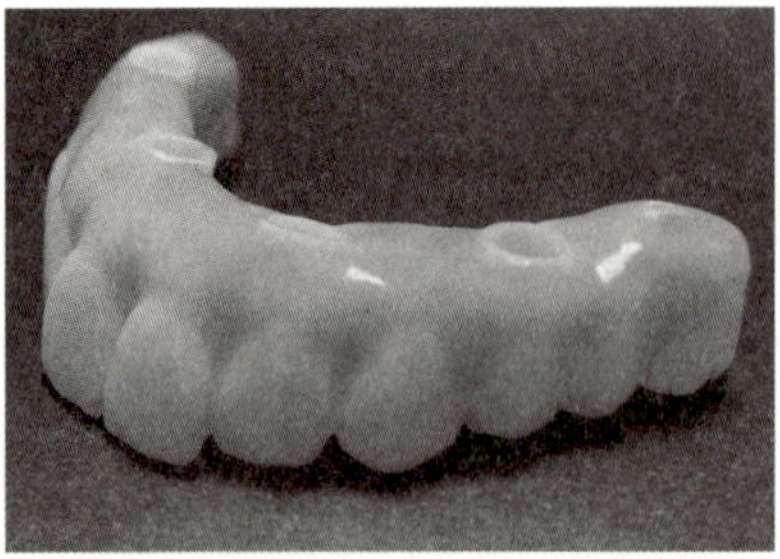

本歯（ジルコニアブリッジ）の途中経過

オールオン4ザイゴマのジルコニアブリッジの特長として、

● 歯の位置（手前・奥・左右） ● 歯の大きさ ● 歯の形 ● 歯の並び ● 歯の傾き ● 歯の色 ● 歯肉の色

を全て微細に設計できる点があります。インプラントは入れているけど、歯の形や歯の色に違和感があるなど、上部構造に関してお悩みがある方が実は結構多いです。

中には、せっかく他院でされたインプラントやオールオン4をダメにするのはもったいないので、どうにかインプラントだけを再利用して歯（上部構造）だけ造り変える患者様もいらっしゃいます。

当院では、どのような相談でも受けていますので、ぜひご相談ください。

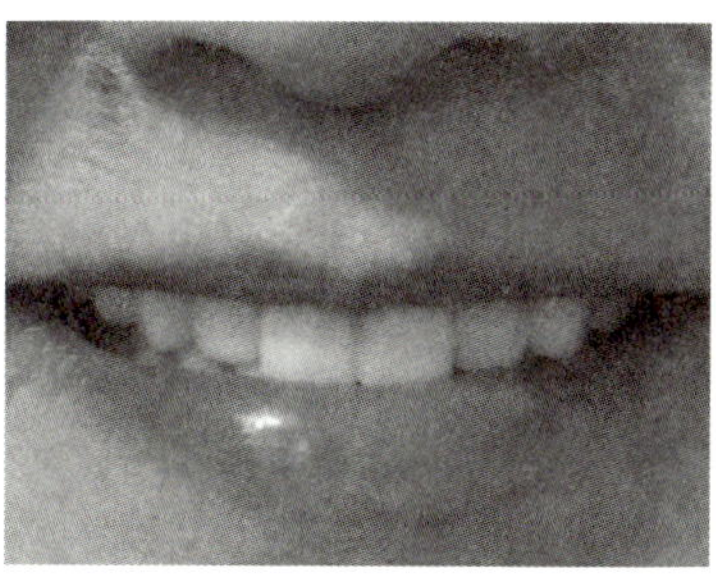

本歯の完成品（ジルコニアブリッジ）を装着した口元の写真

眠っているのに意識がある!? 静脈内鎮静法

不安や恐怖が消えリラックス状態に

子供の頃のトラウマで歯医者が苦手すぎて、虫歯の治療に行けず、口腔内が大惨事になってしまいました。オールオン４ザイゴマの施術が受けられて、本当に嬉しいです。でも、大手術みたいで、歯医者が苦手な私は、今から心臓がバクバクで…。

ご安心ください。オールオン４ザイゴマの手術では局所麻酔とは別に、専門の麻酔科医の管理で「静脈内鎮静法」という麻酔を施します。熟睡しているのに意識があるといった、リラックス状態で手術を受けることができ、不安や恐怖を感じることは全くありませんよ。

それを聞いて安心しました。局所麻酔だけだったら、恐怖でカラダの震えが止まらなかったと思います。

ただ、手術前に守ってほしいのが「禁酒」「禁煙」そして「規則正しい生活」です。禁酒はズバリ、麻酔が効かなくなるからです。手術中に使うお薬も効きにくくなる可能性があるので、可能な範囲で禁酒をお願いしています。次に禁煙ですが、喫煙すると手術後、口腔内の傷口が開きやすくなるのです。最後に規則正しい生活ですが、しっかり体調を整えたほうが、術後の回復がすごくよいのです。なので当院では、規則正しい生活もお願いしています。

今日から絶対、禁酒します！

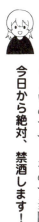

静脈内鎮静法とは？オールオン４ザイゴマの麻酔について

皆様は「静脈内鎮静法」という言葉を耳にされたことはありますか？静脈内鎮静法って何？　って大半の方は思われると思います。当院で行うオールオン４ザイゴマの術前の説明の際に「胃カメラをする時にしたことがあります」という声をいただくこともあれば「全身麻酔なら受けたことがありますけど…」という方もいらっしゃいます。

静脈内鎮静法は、大きな手術で行う全身麻酔とは少し異なります。また、胃カメラの際の静脈麻酔とも似て非なるものです。静脈内鎮静法の大きな特徴としては、意識があるのにリラックスした状態となることです。「怖い」や「不安」などなく「熟睡した状態」に近くなります。

当院ではオールオン4ザイゴマの施術の際に、静脈内鎮静法を行っています。本項では手術を受けられる患者様にこの麻酔法のポイントについて知っていただけたらと思います。

手術が円滑で安全になる

静脈内鎮静法では意識はありますが、とてもリラックスした心地よい状態となります。すると「恐怖」や「不安」という感情を感じにくくなります。

通常、歯科治療では治療対象部位に局所麻酔を行います。1本の歯の神経の処置や数本の歯の抜歯程度では、局所麻酔で十分奏功します。しかしながら、歯科治療を受ける際の「不安」や「恐怖」の感情についてはそのままになります。大規模な治療になるほど、患者様によっては、過剰に意識してしまうことがあるかもしれません。

すると、手術の進行に影響を及ぼすことがあります。

静脈内鎮静法でリラックスした状態となることで、手術は円滑に進むようになります。特に当院のオールオン4ザイゴマは、とても精密な作業で正確な位置にインプラントを入れることが必要な手術であるため、患者様の体動をコントロールしながら必要に応じて声かけができる状態となる静脈内鎮静法は、手術の進行のためにとても有用な麻酔となります。

眠ったまま噛み合わせの確認

歯科治療と静脈内鎮静法による麻酔の相性はとてもよいです。それは歯科治療が咬み合わせを造る処置であるという理由からです。

「開けてくださーい、噛んでくださーい」

歯科治療でよく耳にするフレーズですよね。歯科では患者様による「お口の開け閉め」なしでは、その方の咬み合わせを造り出すことができません。お口の開け閉めなしの歯科治療というものは皆無

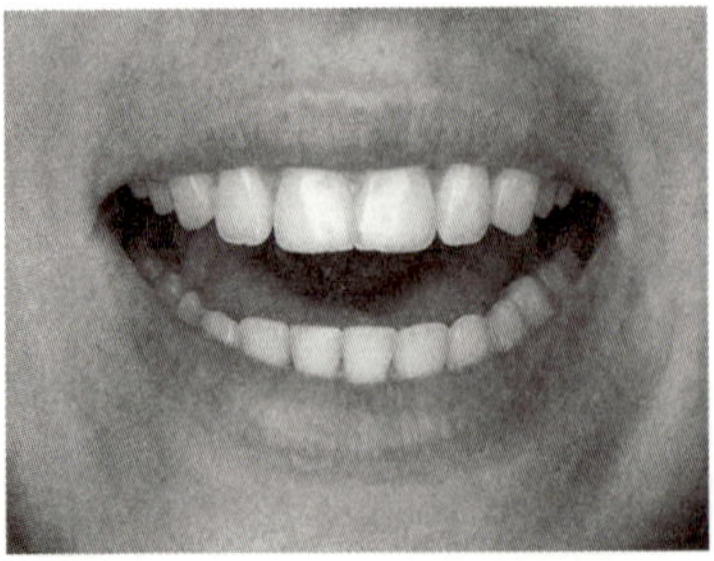

歯列の開閉が噛み合わせを造る

に近いです。ですので、お口の開け閉め＝意識があること、が治療の大前提になります。

特に、オールオン4ザイゴマの施術では、帰宅されるその日＝手術当日から、お食事ができる状態にする必要があります。静脈内鎮静法の「意識があるのに熟睡している状態」は、オールオン4ザイゴマの手術ととても相性がよいのです。

眠ったままでの鼻呼吸が重要

ご自身の呼吸が要（かなめ）となる静脈内鎮静法は、意識下でしっかりした呼吸をしていただく必要があります。

そこで当院では、術前に酸素の取り込みに優れた「鼻呼吸」のトレーニングを行います（普段、口呼吸をされている方は特に）。手術では、どうしても血液や水分が喉に流れ込んでくるため、呼吸器と消化器の入口を兼ねるお口では、口呼吸が難しくなります。

そこで静脈内鎮静下で、意識せずとも鼻呼吸をすることが重要に

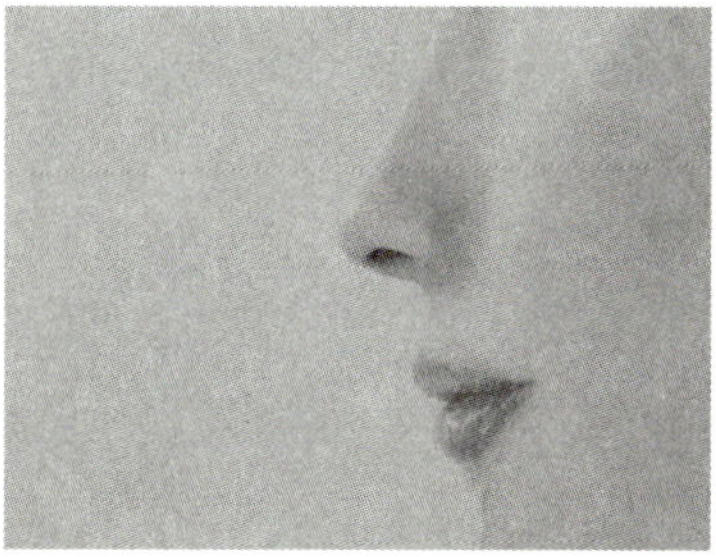

鼻呼吸は歯科治療をしながらでもできる

なってきます。体の酸素や血流の循環がよいほど、手術はより円滑に進みます。術中、指示に従っていただき、鼻呼吸していただくためには、日頃より鼻呼吸をしていることが必要になってきます。

日帰り治療であることが大事

全身麻酔にも、日帰り全身麻酔というものがありますが、基本的に全身麻酔の手術は入院することを前提としています。全身麻酔の場合、麻酔の影響による眠気や倦怠感が長時間に及ぶためです。

静脈内鎮静法は、覚醒後に少し眠気がでる方もいますが、1時間ほどの休憩で、すっきり目が覚めます。患者様の中には「あれ〜よく寝た〜っ」という方も多くいらっしゃいます。なので、その日のうちにしっかりした足取りで帰宅することが可能となります。日帰りで安心してお帰りいただくために、静脈内鎮静法はとても有用な麻酔なのです。

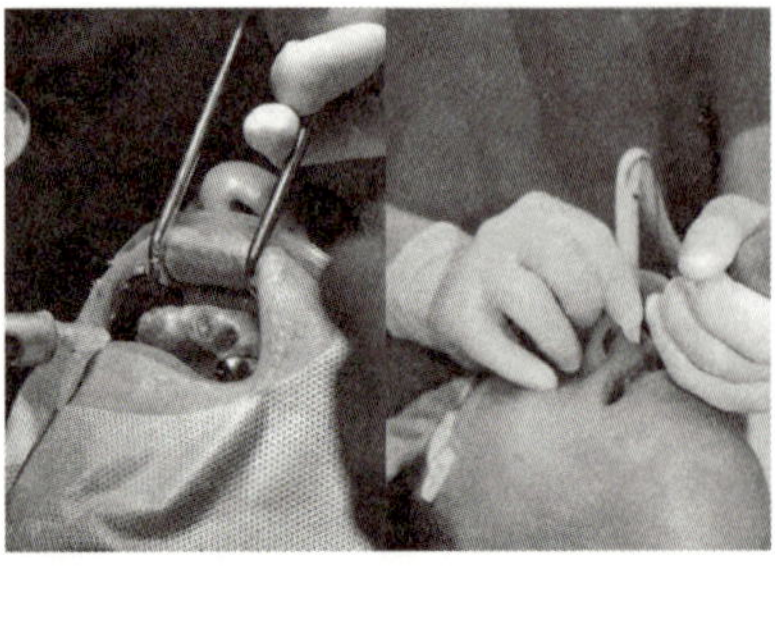

静脈内鎮静法（左）は、全身麻酔（右）と異なり経鼻挿管（呼吸用のチューブ）の必要がなく、通常の歯科治療とほぼ同等の広い術野が確保できます。

麻酔薬によるリラックス効果

静脈内鎮静法にはリラックス効果があります。そのため、手術前に不安の強かった方でも「手術中は全く恐くなかった」と、ほとんどの方が手術後にお話しになります。部分麻酔だけでは、これは実現不可能です。

なお「恐怖心」が及ぼす身体への負荷は強く、有害な反射や激しい血圧の変動を起こすことも少なくありません。静脈内鎮静法では、こういった事象も落ち着き、安定した状態での手術が可能となります。局所麻酔だけでは痛みは制御できても、手術自体のストレスがどうしても体にかかってくるため、静脈内鎮静法だとリラックスしていただくことで手術が円滑に進み、かつ、術後の肉体的・精神的なダメージも少なくなるのです。

歯科が恐くて歯がボロボロに

「歯科治療が苦手で放置してしまい、歯がボロボロ、前歯ぐらぐら

全身麻酔の場合、吸入麻酔薬を使用することが多く、術後に吐き気を催す場合があります。オールオン4ザイゴマ手術の際、水や血液を誤飲して吐き気を起こす場合があり、何が原因かわかりづらくなってしまいます。

に…」。当院に来られる患者様で、このようなお悩みの方も少なくありません。

苦手な歯科治療でも大丈夫です。オールオン4ザイゴマなら1日であなたの上下の歯を全て綺麗な歯にすることが可能です。上下でも最短2時間程度です。

静脈内鎮静法なら「不安」や「恐怖」もなく、心地よいクラシック音楽を聴きながらぐっすり眠って、目が覚めるとあなたの口元には白くて綺麗な歯が輝いています。

当院には麻酔専門のドクターが在籍していますので、患者様の手術中の状態を緻密に管理しています。術後のアンケートでは「よく眠れて歯も綺麗になって大満足です」というような声を、多くいただいております。

静脈内鎮静法やオールオン4ザイゴマに興味を持たれた方は、お気軽に当院へお問い合わせください。何かのお役に立てたら幸いです。

オールオン4ザイゴマのお手入れやメンテナンス

オールオン4ザイゴマにしても、歯磨き、歯科検診は必須です！

長年、歯のお手入れを怠っていたせいで、口の中が大惨事となりましたが、オールオン4ザイゴマのおかげで、すっかり最高の歯になりました。

それはよかったです。ただ、最高の歯を保ちたいなら、元の天然の歯と同様、日々のお手入れが不可欠ですよ。

お手入れを怠ると、どうなりますか？　そもそも、私がオールオン4ザイゴマになったのも、日々の歯のお手入れをさぼり続けたのが原因ですし…。

しっかり歯石が付いて、美しさが損なわれます。また、通常のインプラントと同様に、炎症が起きるリスクが高くなります。

え、そうなんですか！　オールオン4ザイゴマになっても、歯のお手入れからは逃れられないのですね。こんなことなら、天然の歯の頃から、ちゃんとお手入れをしておけばよかったです…。

元の歯の分も、しっかりお手入れしてあげてくださいね！

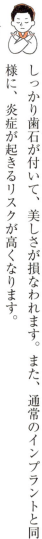

長く安全に使うため、日々のお手入れを！

4本のインプラントで人工歯を支える「オールオン4（ノーマル）」や「オールオン4ザイゴマ」は、従来のインプラントに比べ、優れた点が極めて多い治療法です。

特に全ての歯を治療する場合はなおさらです。しかし通常のインプラントと同様に、オールオン4ザイゴマも定期的なメンテナンスは必須となります。今回は、オールオン4ザイゴマのお手入れやメンテナンスについて紹介していきます。

オールオン4ザイゴマは手術後、その日のうちに12本分の人工歯（仮歯）が入ります。したがって、あなたがオールオン4ザイゴマの施術を受けたその日から、オールオン4ザイゴマの手入れが必要となります。もちろん術後すぐは創傷治癒の期間なので、神経質になる必要はありません。傷が痛くない範囲で、人工歯やその周囲をクリーニングします。

オールオン4ザイゴマの上部構造の種類も重要です。仮歯であれ本歯であれ、お手入れやメンテナンスは必要となります。特に仮歯の場合、本歯より表面が粗造となり、汚れが付きやすいので必須です。ケアが十分でないと、埋め込んだインプラントが炎症を起こす可能性もあります。

また、オールオン4ザイゴマの上部構造は形状が特殊です。「12本分の歯と歯肉で構成されたロングブリッジ」となっているので、通常のインプラントのブリッジや天然歯と形状が異なります。自分でオールオン4ザイゴマの上部構造のお手入れをするために、その形状を知っておかなければなりません。

オールオン4ザイゴマの上部構造の種類

まず、オールオン4ザイゴマの上部構造は、本歯（ファイナルレストレーション）と仮歯（プロビジョナルレストレーション）に大きく分かれます。どちらも、お手入れやメンテナンスを怠ると、インプラントと同様にインプラント周囲炎になってしまいます。

下顎の内側中央部、ちょうど舌が最初に触れる部分の人工歯肉は歯石がもっとも付着しやすいです。仮歯の場合、表面が粗造なのでさらに歯石を形成しやすいです。ちょうど唾液腺（唾液の出る部位）がそこにあるからです。

表を見てみましょう。本歯は硬く、薄く、ツルツルです。それに対し、仮歯は柔らかく、厚く、やや粗造です。どちらもお手入れやメンテナンスは必須ですが、素材の性質的に仮歯のほうが汚れが付

種類	人工歯	歯肉部	表面性状	厚み	硬さ	強度	修復性
本歯（ファイナルレストレーション）	ジルコニア	ジルコニアフレーム	滑沢	薄い	硬い	◎	△
仮歯（プロビジョナルレストレーション）	硬質レジン歯	アクリルフレーム	やや粗造	厚い	柔らかい	△	○

着しやすいです。なお、当院の本歯はフルデジタルで製作されるため、モノリシックジルコニアでのブリッジの提案が大多数となっています。したがって、前出の表では本歯の歯肉部はジルコニアフレームという表記になっています。アナログで製作されるものは、チタンフレームの上にハイブリッドセラミックを盛るタイプなどもあります。

オールオン４ザイゴマの上部構造の形状を知る

写真を見てみましょう。上顎がオールオン４ザイゴマの術後すぐに装着される仮歯（プロビジョナルレストレーション）で、下顎の前歯が天然歯、奥歯がブリッジとなっています。

上顎と下顎で形状が違うのがわかりますか？　違いが顕著なところに矢印をいれました。

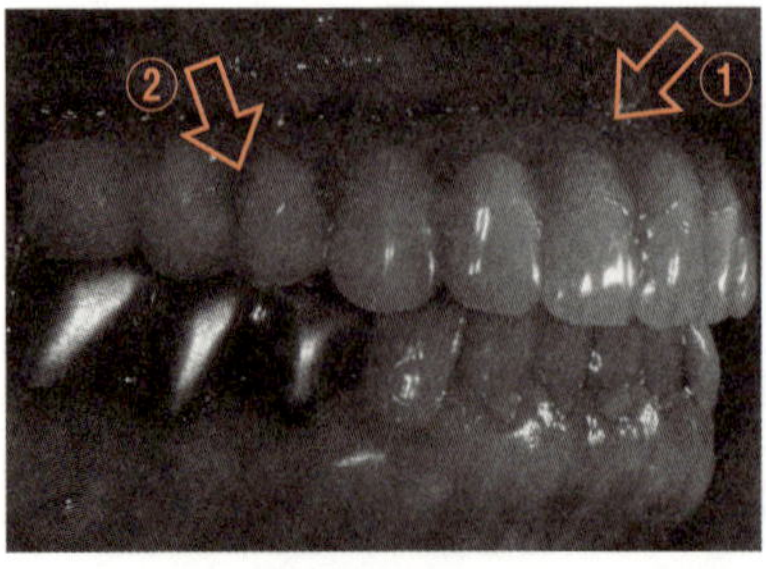

上顎はオールオン4 の仮歯、
下顎は天然歯とブリッジ

①：1点目はオールオン4ザイゴマのロングブリッジと粘膜の境目です。オールオン4ザイゴマは人工の歯と歯肉でできているがゆえ、天然歯と比べて高さがあります。特に人工歯肉は緩いカーブをつけながら、自身の粘膜と接します。ここのラインまで清掃が必要になります。

②：2点目は歯と歯の間です。天然歯の場合は歯と歯の間に、鼓形空隙と呼ばれる楔状の隙間が必ずあります。加齢に伴い歯肉がやせると、鼓形空隙が大きくなり、食べカスが詰まりやすくなります。オールオン4ザイゴマの場合、歯と歯肉は連結されているので、歯と歯の間に食べカスは詰まらず、清掃は容易となります。

ブリッジの歯と歯肉（歯茎）の磨き方

まずは歯のブラッシングです。①の歯ブラシを使用します。歯の部分に関しては、天然歯のように普通に磨いてください。上下とも

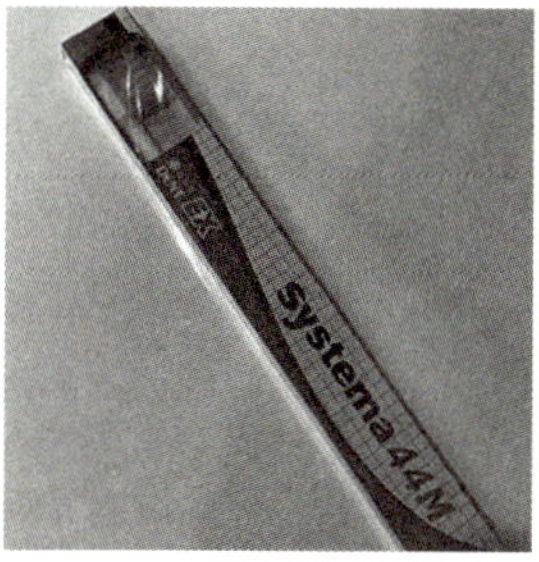

①歯ブラシシステマ44M（ライオン社、日本）ヘッドがほどよくコンパクトで毛の硬さがふつうです。

オールオン4の方は天然歯の感覚をあまり覚えていないかもしれませんが、歯の噛み合わせ面、側面を、歯1本ずつ磨いてください。

次に、歯茎の部分もそのまま①の歯ブラシを使用します。歯の下の人工歯肉を磨いていきます。外側だけでなく、内側も磨きましょう。下顎内側の中央部（舌の前）は歯石が付着しやすい部位です。痛みが出ないように優しく磨きましょう。

ブリッジ周囲と下部の清掃

次は、ロングブリッジと自身の粘膜付近のクリーニングです。②のワンタフトブラシを使用します。粘膜は薄く柔らかいため、傷つけないように優しくブラッシングしていきます。ワンタフトブラシは細いため、ひとかきずつ丁寧に磨きましょう。自身の骨や粘膜が痩せている場合、ブリッジと粘膜に段差がある場合があります。食後は水ですすいで、清潔な状態を維持しましょう。

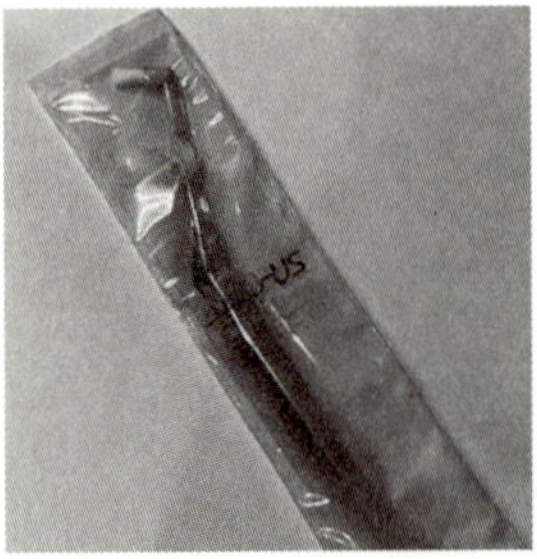

②ワンタフトINPLO-US（オーラルケア社、日本）ワンタフト（1歯毎）ブラシのヘッドはさらに小さく毛の硬さは柔らかいです。

オプションで③のスーパーフロスを使用します。これはブリッジ下部と粘膜の間に通して汚れをとります。

患者様の中にはブラッシングをがんばりすぎて痛みや血が出る方もいます。血が出ている場合は無理してする必要はありませんが、できる限り優しく歯ブラシを当てて清掃してください。

歯科衛生士によるメンテナンス

ご自身でお手入れをがんばっていただくことが、いちばん重要です。しかしながら、鏡を使っても見えないような部分の清掃には限界があり、衛生士によるメンテナンスが必要です。ジルコニアブリッジは汚れは付着しにくいですが、それでも汚れやステインが蓄積しないわけではありません。

オールオン4ザイゴマのPMTC（Professional Mechanical Tooth Cleaning）を行っていきます。専門の衛生士により、歯科用の回転器具を用いて、ブラシやラバーカップ、ウォーターピックを用いて

③スーパーフロスProxySoft（プロキシソフト社、米国）片方先端に芯があるフロスで隙間に通しやすいです。

クリーニングをしていきます。通常のPMTCと比べて、より深いポジションまでの清掃となります。併せて、アクセスホール（ネジ留めの穴）の蓋が外れていないかなど、オールオン4ザイゴマのロングブリッジに何か発生した場合の早期発見にもつながります。

費用と期間など

費用は、上下または片顎いずれかがオールオン4の場合でも、一律6600円（税込）です（将来的に価格変更の可能性あり）。片顎が天然歯の場合は、専用のオーラルケアを行います。

メンテナンスは毎月が理想ですが、遠方の方も多いため、最低でも「6か月に1回」をお願いしています。

なお、衛生士による定期的なメンテナンスを受けていない場合、保証に影響することがあります。「長く安全に使うためにメンテナンスは必須」であることをご理解ください。

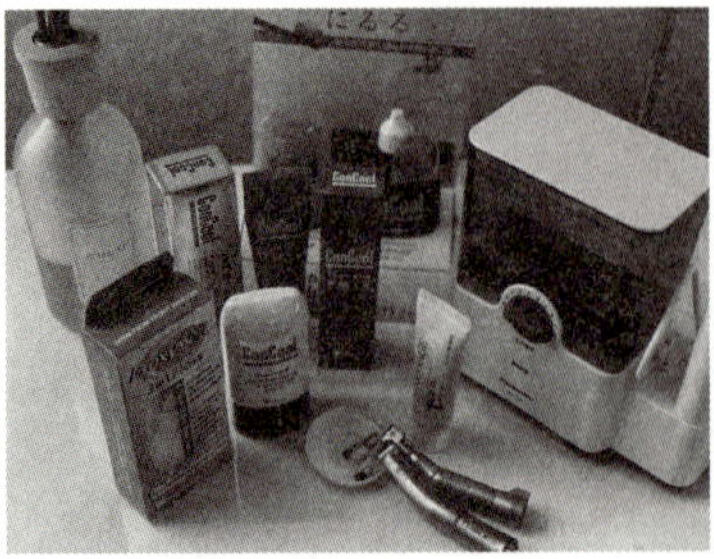

衛生士によるオールオン4 PMTC

第4章

当院のオールオン4ザイゴマのこだわり

当院だけのこだわり

歯のリクエストはありますか？
元々の歯と全く同じで大丈夫です
手術後
プロトタイプを付けてみてどうですか？
やっぱり1000か所ほど直して貰っていいですか？

せっかくの残り人生 自分を輝かせる歯を入れたい！

ナルト先生のオールオン4ザイゴマは、本歯を造る前にプロトタイプを造って試着できて、思う存分オーダーメイドできる点がすばらしかったです！

ありがとうございます。人生１００年時代、50歳でオールオン4ザイゴマを入れてもあと50年もあるので、お気に入りの歯を造り上げてほしいのです。

最初は、元々の歯のままのデザインでいいと思っていたのに、仮歯やプロトタイプを口に入れた顔をまじまじと見ていたら、やっぱり不細工に思えてきて…。残りの人生、思いっきり美しい歯で生きたいと思ってしまいました。

デザインにこだわれるのが当院のオールオン4ザイゴマのこだわりです。思う存分こだわっていただけて、オールオン4ザイゴマ専門医院の冥利に尽きます。

おかげで、自分史上最高の歯に生まれ変われました。

オールオン4ザイゴマという歯科治療の最高技術で、とことん自分のこだわりで造った歯、まさにナンバーワンでオンリーワンの歯なんです。

歯が全部ボロボロになったおかげで、歯が美しく蘇りました。灰の中から蘇る不死鳥（フェニックス）を、自分の口の中で体験できてよかったです（笑）。

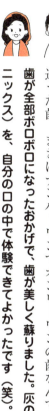

ナンバーワンでオンリーワンな歯を！

オールオン4ザイゴマは、1日で歯が入る素晴らしい治療法です。歯がない人、歯がボロボロな人でも関係なく、手術当日に歯を入れることが可能となります。

しかし、歯がない患者様の口腔内に全ての歯を入れるということは、実はとても難しいことです。特に設計のこだわりはとても重要です。

口腔内というのは縦・横・高さのある3次元の世界です。例えば、オールオン4ザイゴマの手術の後に仮歯を設置しますが、元々の歯列が、歯の正中の前歯の位置が0・5ミリ、左にずれているもののしっかりと咬める状態であったとします。すると咬み合わせを変えずに他の歯も含めてバランスを整える必要があります。

そうなると複数の歯の左右の位置関係だけでなく、複数の歯の上下的な位置関係、複数の歯の前後的な位置関係、顔とのバランス、笑顔の時の歯の位置関係、横顔の見え方…。

こういったことも意識しなければなりません。

また、埋入するインプラントとの位置関係も当然のことながら意識しなくてはなりません。それだけでなく、咬める構造、壊れにくい形態でないといけません。

ですので、たった0・5ミリ、正中を動かすという作業であったとしても、とても大掛かりな作業になるのです。本項では、当院のオールオン4ザイゴマにおける仮歯から本歯完成までの設計のこだわりについて記載してみました。

手術のインプラント埋入位置のこだわり

インプラントの埋入位置に関しては、手術前にCTスキャンとコンピューターを用いてインプラントのシミュレーションを行って決定します。患者様によって骨の状態、骨同士の位置関係、顎の大きさ、顔の作り、歯と歯茎の状態…こういったものが大きく違ってきます。

基本的にオールオン4ザイゴマの場合、上下の歯を全て抜歯後にインプラントを上下の2番と5番の位置に埋入し、レントゲンで見ても左右対称の美しいアングルにしていきます。2番は垂直埋入、5番は傾斜埋入をしていきますが、骨の状態によっては難しい選択を迫られることがあります。しかし、基本的にはオールオン4ザイゴマの形としてできる限り理想のポジションを目指していきます。そうしなければ、その後の処置が複雑になってしまうからです。

ですので、そういう場合は限られたスペースや条件に対応する手

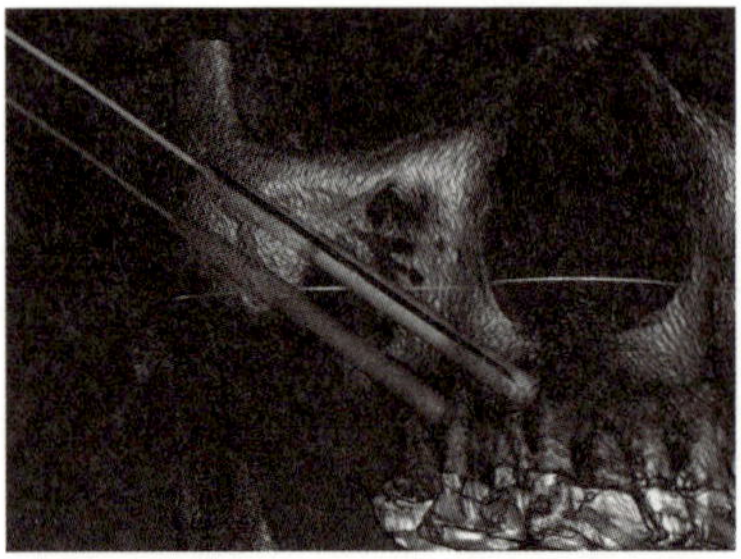

CTスキャン画像でのインプラント埋入位置シミュレーション

術計画が必要になってきます。

上顎のオールオン4ザイゴマの場合、上顎骨の状況によってノーマルインプラントでアプローチする場合もあれば、ザイゴマインプラントでしか埋入できない場合もあります。

また、インプラントはただ埋入するだけでなく、仮歯を含めた歯が入ることを強く意識しておかなければなりません。それはどういうことかというと、まず人の手で歯の取り外しを行わないといけないため、歯のネジ穴（アクセスホール）の位置が、シンプルな位置で着脱しやすい位置にあること、アクセスホールが審美的に影響を与えない位置にあること（笑顔の時にネジ穴が見えないこと）、割れづらくするために上顎と下顎のスペースをしっかりと保って歯の厚みを出すこと…こういったことを考えて設計しなければなりません。それらの全てがその後の処置に大きく影響するため、シミュレーションはとても難しく大変なのです。

また、シミュレーション通りに手術を進めようとしても、実際の状態とは差異があってうまくいかないこともあります。ＣＴスキャンの画像では、骨の厚みや高さはわかりますが骨密度はある程度しか把握できないため、実際に上顎の骨を触るとパリパリともろく崩れるような方もいます。そんな場合は、そのシチュエーションにあったプランで立て直さなければなりません。当然、設計も大きく変わってきます。

仮歯でのこだわり

仮歯も様々なこだわりをもって製作します。当院では、事前の術前診察で型取りをした情報、患者様の性別、身長、写真などを基に、歯を入れた後を想定して仮歯を製作していきます。患者様が男性で体格もがっしりしていれば、自ずとやや大きめの仮歯となるのです。

当院の歯科技工士の手作業で製作する仮歯は、本歯とまでは言わないものの、審美性にもこだわったデザインとなります。

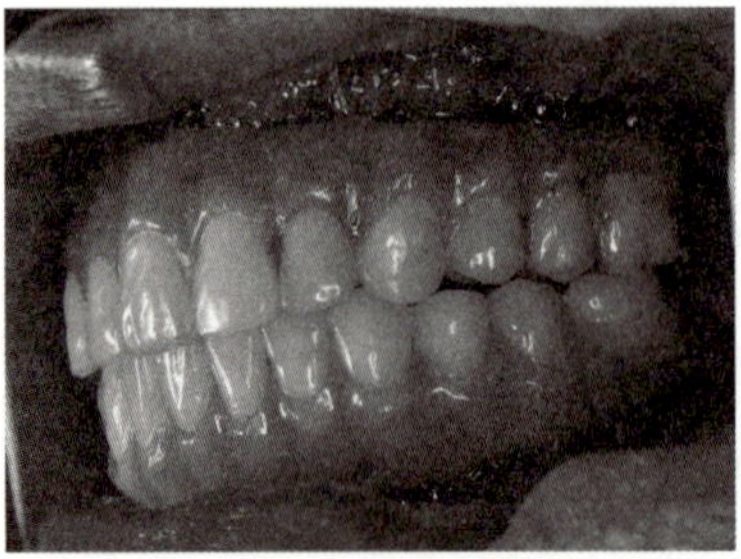

オールオン4ザイゴマの仮歯

手術前、上顎の仮歯と下顎の仮歯は噛み合うように製作していますが、実際の対合関係は、あくまで術中に取得する形となります。上顎の仮歯の位置を決めた後に、そのポジションに合うように下顎の仮歯の位置を決定するのです。なので仮歯の位置決めの際、インプラントの邪魔にならない位置に、歯を配列します。初期の仮歯は、アクセスホールに相当する位置がくりぬかれたような形態の仮歯となるわけです。

ノーマルインプラントでの本歯の型取りでは、オープントレーによるピックアップ印象と呼ばれるインプラントの部分がくり抜かれた歯型を使って型取りをしていきますが、それに近い形となります。

また術中に仮歯を入れていきますが、最初に入れる歯列は上顎からとなります。これにはいくつかの理由があり、上顎は動かないこと、正中の位置がわかりやすいこと、噛み合わせの基準にしたいこと、などが挙げられます。

余談となりますが、上下の総入れ歯を製作する場合も、基本的には上の入れ歯を基準に下の入れ歯を作製していきます。これにはオールオン4ザイゴマと同様な理由があるからです。

パソコンデータ上でのこだわり

術前診察から情報収集を行います。オールオン4ザイゴマの手術後も同様に情報収集を行い、顔写真や口腔内写真、型取り、顎の前後関係、笑顔の状態による歯の位置関係、目の位置、唇の位置などを参考に、最終的な本歯の形態を考えます。

取得した歯型をパソコンデータに転送します。その情報を直近の顔写真と重ね合わせて、オーダーメイドの歯を造っていきます。

多数の形態のデータから患者様の希望のものをチョイスして、顔写真に重ね合わせを行いますので、患者様のイメージに近い歯の形態のご提案が可能となります。

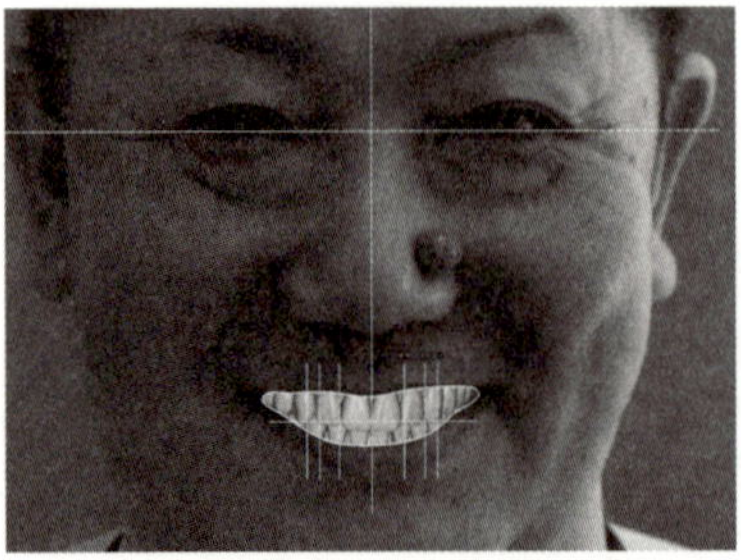

各種情報収集で歯の設計にこだわる

また仮歯の状態を参考に、患者様の要望を取り入れた設計を行いますので、仮歯では実現できなかった設計も可能となります。例えば「仮歯ではほんの少し歯の正中がずれていた」「上顎の歯の位置が少し前に出ていた」「笑うと少し歯茎が見えた」「歯が少し大きすぎる」…。こういった様々な要望に応じた設計が可能になります。

また、後ろのインプラントより後方の歯はどうしても脆弱になりやすく、また頬を咬みやすいことから、あえて若干小さめの設計にしています。頬を咬みやすいと、どうしてもストレスになってしまいます。このような実用性も考慮しつつコンピューターで設計していくのが、こだわりとなります。

プロトタイプのこだわり

パソコン上でデザインした歯のデータさえあれば、本歯を造ることは可能です。しかし、そのままの形態で歯を入れても「イメージと違う」となる可能性があります。

洋服を購入する時を思い出してください。自分ではMサイズでいいと思っていても、店員から「うちのはMサイズがLサイズくらいなので試着してみませんか?」などと言われた経験があると思います。そこで試着してみると、思っていたのと全然違った、サイズ違いにならなくてよかった…。

このような感じで、オールオン4ザイゴマの歯のセットも試着が必要です。洋服と同じように全体的に劇的に変化してしまうのが一番の原因です。

パソコン上でデザインされたものは、3Dプリンターを使ってプロトタイプ(形状のみ本歯と同じもの)を製作します。製作されたプロトタイプは、口腔内の仮歯を外してセットします。この一連の工程を「プロトタイプの試適」といいます。

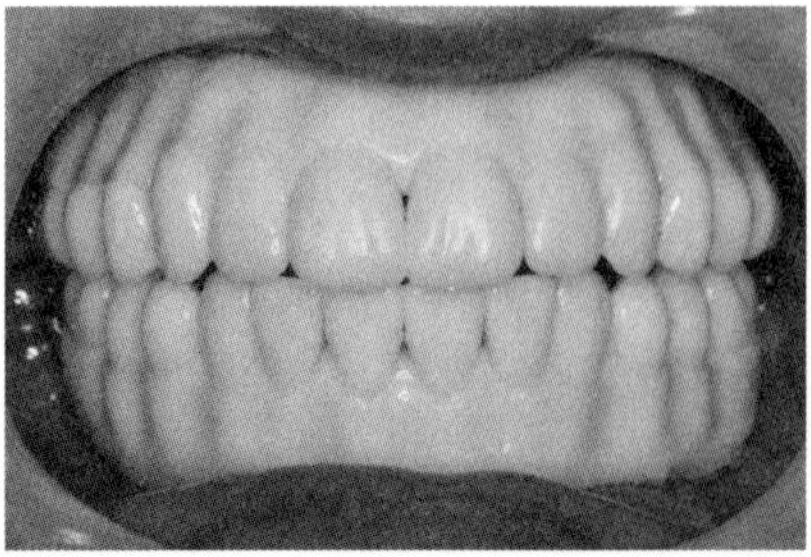

プロトタイプの試適

軽く咬んだ感じで口腔内に入れて、上顎と下顎の歯の位置関係や接触関係、発音、笑顔の時の歯の見え方、歯の形状や大きさ、歯の正中の位置関係、唇の豊隆、皺の出方など、様々なものを見ていきます。

実際にプロトタイプを装着してみないとわからないことが多数あります。パソコン上のデザインで本歯を製作することも可能ですが、いきなり本歯をセットしてしまうと、うまくいかない可能性が多いのです。ちなみに入れ歯にも試適の工程があり、試適は重要な工程となります。試適は、本歯装着前の最終的な確認作業なのです。

本歯のこだわり

試適したプロトタイプは、本歯のステップに進む前、改善をとことん行える最後のチャンスです。

プロトタイプで改善にこだわったほうが、最終的に入る本歯が患者様の満足のいくものになる可能性が上がります。プロトタイプの試適を重ねた結果は、データとしてコンピューターに蓄積されていきます。患者様の要望を上書きをしていくことでオーダーメイドの歯は、さらに素晴らしく変わっていきます。

特に当院では、側貌などの顔貌にはこだわりがあり、美しく若くみられるような形態や設計を考えています。そのために、Eライン（横から見た鼻から唇、下顎にかけた一直線）や、リップサポート（上唇のはり）といったものを大切にしています。また、笑顔の際の歯の見え方、唇との関係性、こうしたものも見ていきます。

場合によっては、本歯の歯茎に豊隆を付与したり、歯の大きさを調整して唇の出方を調整します。これは、仮歯やプロトタイプで得た情報をもとに行う、当院ならではの設計です。プロトタイプで本歯にこだわることで、噛み合わせなどの機能面だけでなく、ほうれい線や鼻下の膨らみなど、審美面まで調整することが可能なのです。

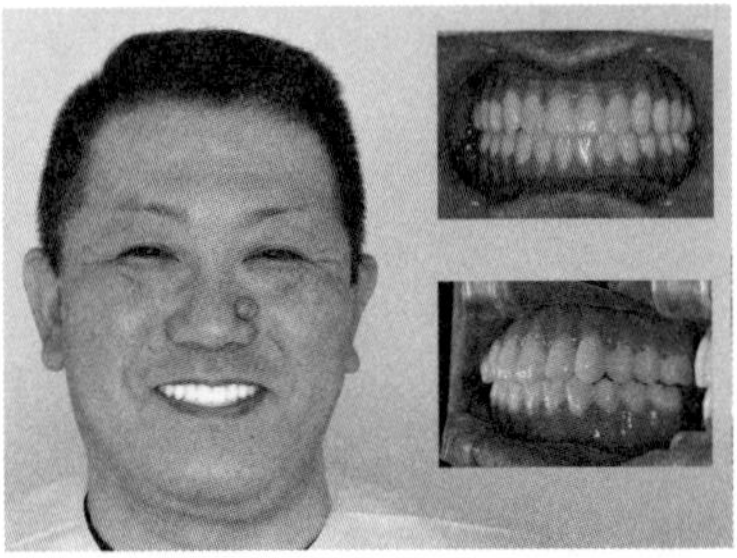

オールオン4の本歯

厳密な設計を経て、本歯があなたの体の一部に

いかがだったでしょうか？　当院では、このような様々な調整を一つひとつ行うことで、世界にひとつだけの花ならぬ「世界にひとつだけの歯」を造り上げていきます。これにより機能的で審美的、さらに長持ちできる歯になっていくのです。本歯を造るということは、体の一部を造り直す、とても大切な儀式なのです。

インプラントの設計→仮歯の設計→パソコン上での歯の設計→プロトタイプの設計→本歯の設計と、いくつかの設計と調整を通して、あなたに合った理想的な形態に生まれ変わっていきます。しかも入れ歯とは違い付け外しでなく、様々な工程を経ても口腔内に装着されたままです。つまり、手術前から術後、本歯のセットまで、咬めない時期というのが存在しません。ですので、これだけ念入りな工程を経て完成に至りますが、その間にストレスを患者様に感じさせないのが、オールオン4ザイゴマのプロセスなのです。

本歯は当院だけではなく、患者様との協力で設計していく形になります。私たちの考える機能性と審美性、患者様独自の審美眼が合致して、ゴールとなります。だからこそ、顔にハリがよみがえったり、以前との違和感が少なくなったり、笑顔が素敵になったりするのです。

世界にひとつだけの、オーダーメイドで理想の歯にしたい。患者様の個性にこだわる当院でしたら、そのお望みのお手伝いができるかもしれません。

セカンドオピニオンの大切さ

インプラント治療で不具合発生！

上の歯全部がぐらぐらで、他院で前歯や奥歯にインプラント治療をしたんですが、術後すぐから治療箇所に痛みがあって改善せず、しばらくするとインプラントのネジまで脱落してしまいました。

その後、何度も再治療を受けましたが、最後には「あなたは入れ歯でしか治療できない」と言われてしまい…。

それはお気の毒でしたね。精密検査で確認しますが、骨が足りなかったこと（物理的な問題）が考えられます。他には、インプラントの施術があまりよくなかったこと（歯科医師の技術の問題）も考えられます。

さらには、患者様自身に問題（糖尿病、喫煙、術後の感染）がある可能性も考えられます。インプラント治療の場合、様々な要因を考慮しなければ、施術を成功に導くことはできません。

もし骨が足りない場合、やはり入れ歯しか治療法はありませんか？

実は、そのような方が多く、当院にセカンドオピニオンに来られています。骨が足りなくて通常のインプラント治療が難しい場合でも、当院では頬骨に埋入させるザイゴマインプラントを使用した治療が可能ですよ。

勇気を出してセカンドオピニオンに来て、本当によかったです。

歯科治療でもセカンドオピニオンを！

「噛める喜び」…。このフレーズを耳にしても「自分には関係ない」と治療を諦めかけている方は、全国に沢山いらっしゃると思います。

当院にご相談に来られる患者様も、治療を諦めかけている方が多く「私は一寸の希望の光を求めて、藁にも縋るような思いで来ました」とお話になる方もいました。

そんな方々のお口の中にオールオン4ザイゴマの本歯が入り「何でも噛めるようになった」「ボロボロだった歯が綺麗になった」と喜びの声をいただくことで、それが我々のモチベーションの向上にもつながっています。

当院でこの治療法を始めてかなりの年数が経ちましたが、手術症例数の増加とともに、手術システムの確立、治療スキルの向上、スタッフの教育システムの導入、道具や設備の拡張に取り組んできました。その甲斐あって、始めた当初は受け入れが難しかった特殊な症例も治療可能になりました。

本項では、当院で実際にオールオン4ザイゴマ治療をした患者様のお悩み例を紹介しつつ、今後の当院の展望についても記載していきます。

矯正治療ができない歯列不正がある

当院では「受け口で歯も少ないけど、何とか歯並びを綺麗にしてほしい」「他院で矯正治療をしたけど歯がうまく動かなかった」「歯がボロボロで歯並びもガタガタだけど、歯並びを綺麗にしたい」「重度の歯周病のため骨や歯がガタガタで、他院で断られたけど矯正治療を諦めきれない」といった患者様たちに、オールオン4ザイゴマ

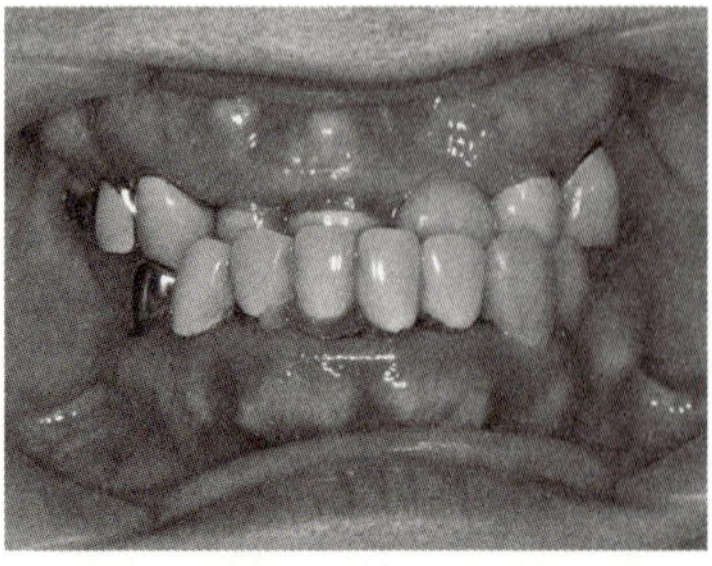

歯列の矯正困難な口腔内

治療を行ってきました。

もともと咬みづらさを訴えていた患者様ばかりで、本歯が入った後はしっかりと噛めるようになっています。また見た目に関してもご満足いただけているようです。

今後の治療の展望としては、そのような矯正治療をしたいが何らかの理由で矯正治療がうまくいっていない、できないと断られた、矯正治療ができていない患者様の治療を考えています。

口腔内の疾患でインプラント手術ができない

口腔内というのは体の中でも唯一無二の「複雑で特殊な場所」です。体外と体内が交通している。呼吸器と消化器のどちらの役割も一部担っている。軟組織（歯茎や舌など）と硬組織（骨や歯）が介在する。…このような場所は口腔内以外にはありません。なので口腔内は、とても不潔になりやすく、病気も多種多様であり、歯科医療が非常に重要となります。

前置きが長くなりましたが、その多様な疾患の中には重篤なものもあり、場合によってはインプラントを埋入するスペースを奪ってしまうこともあります。

例えば、嚢胞（膿の袋）であったり、腫瘍（出来物）、または腫瘍をとるための手術の跡であったり、顎骨の感染（骨の感染により炎症が起きて顎骨が溶ける）…こういった原因でインプラントが入れられず、お困りの方が沢山いらっしゃると思います。

当院でも、このような病気をお持ちで相談に来られた患者様がいらっしゃいます。

「大きな嚢胞があって他院でインプラント治療を断られた」「口腔癌の手術後でインプラント治療を断られた」「骨の炎症が強く骨が薄くなって断られた」…。このように沢山の方々は共通して、歯が少なくなっていたり、入れ歯になっていたりしました。さらに共通して、噛みづらさを訴え、人前で口元を隠されるなど、非常にお困りでした。

これらの患者様も今では、会食を楽しまれたり、人前で口角を上げてしゃべったり、笑顔で人生を謳歌されています。


このような口腔内に病気をお持ちの患者様、特に口腔癌の手術後の患者様は現在、入れ歯しか選択肢がなく、お困りの方が多いようです。そのような方でもオールオン4ザイゴマであれば、十分に手術ができる可能性があります。選択肢がない様々な方々に可能性を提供していく…当院が目指していくべき方針です。

入れ歯以外に選択肢がないと言われた

他院で「入れ歯かオーバーデンチャー（高品質の入れ歯）しか選択肢がない」と診断された患者様が結構いらっしゃいます。

当院では、骨が薄い、特に上顎の骨の吸収（溶解）が顕著な患者様の手術も、かなりの件数をこなしております。当院のオールオン

入れ歯

4ザイゴマインプラントを使った手術でしたら、そのような方でも手術ができる可能性が十分あります。噛めるようになりますし、入れ歯のような取り外しの煩わしさもありません。

当院に遠方から来られた「入れ歯以外は何不自由なく暮らしてきた」と言う患者様がいました。どこの歯科医院、大学病院に行かれても「入れ歯かオーバーデンチャーを勧められた」とのことで「もう一度、しっかりと噛んで食事を楽しみたい」と仰っていました。

レントゲン、CTスキャンで確認すると本当に骨が薄く、ノーマルインプラントの難症例でしたが、オールオン4ザイゴマインプラントでしたら、手術は可能でした。

患者様は本歯の装着後、まるで達観したかのように満足されていました。自分が若かった頃を色々思い出したとのことで、もともと大好きだった食事もまた楽しくなったとのことでした。

入れ歯の使用で骨が薄くなってしまった方でも、当院のオールオン4ザイゴマ治療でしたら、お手伝いができるかもしれません。

持病が心配でインプラント手術に踏み出せない

当院には、多種多様な基礎疾患をお持ちの患者様もご相談に来られています。

しかし、そのような方々は、どうしても手術の敷居というものが上がってしまいます。当院には、しっかりとした術前の診察ができる環境と設備があります。

また、オールオン4ザイゴマ専門の麻酔科医も在籍しております。麻酔科医は、診察の結果、患者様の体の状態が手術に対し不安だと判断した場合、手術まで期間を少し空けて体調の向上を促すなど、フォローアップもします。

スタッフ間での会議や情報共有も徹底しています。手術を安全に進められる薬や道具も完備しております。術後もしっかりと経過をみてまいります。こうした周術期管理（手術前～後までの管理）が、安全な手術へとつながっています。

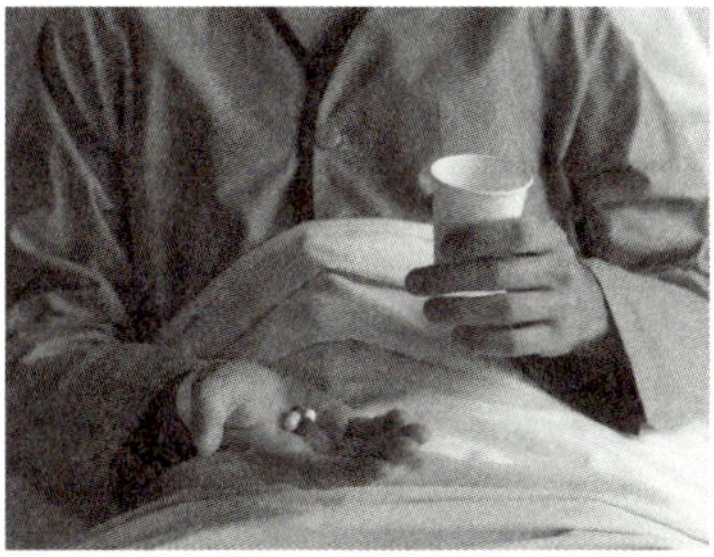

持病も合わせてしっかり
診察いたします

「アレルギーが強くインプラント手術を断られた」「ペースメーカーが入っていてインプラントの相談を躊躇していた」「I型糖尿病（先天性の糖尿病）で主治医からインプラント手術は難しいと告知された」「過去に心臓のバイパス手術をしていてインプラントの相談を取り合ってもらえなかった」などなど、どのような方でも、当院は焦らず丁寧な対応を心がけ、安全と思われるタイミングで、慎重で万全な手術を行ってきました。ですので、どのような方々でも十分、手術が受けられる可能性があるのです。

他院のインプラント手術後、問題が起きて困っている

当院には、他院でインプラント手術を受け、困り事が発生して相談で来られる患者様も多くいらっしゃいます。

インプラントはとても難しい技術で、完遂には様々な知識やスキル、条件が必要です。そして他院の先生方も、患者様が噛めるようになってほしいとの強い思いで、必死で処置に臨まれています。

しかし様々な原因で、どうしても問題が起こってしまうことがあります。当たり前ですが、どの先生もトラブルを起こしたくて起こしている訳ではありません。

どうしても人の体を対象とした施術になりますので、何かしら小さい問題が起こってしまうことがあります。そこで当院では、長年の研鑽と最新の技術の導入で、このような術後の問題にも向き合ってきました。その結果、様々なケースの問題にも対応できるようになっています。

このようなトラブルシューティングは当院の患者様はもちろん、他院で手術をされた患者様にも機能します。他院での治療経過を可能な限り考慮して治療を進めますので、治療のリカバリーができる可能性は高いと考えています。


当院には、他院でインプラント手術を受け、術後に膿がたまってお困りになり、セカンドオピニオン目的でご相談に来られた患者様が数名いらっしゃいます。患者様ご本人や治療をされた先生からしっかりと情報をいただき、適切な処置で治療をいたしました。その結果、現在は快適な生活をおくられているようです。

ご自身が長く同じ歯科医院に通院されていた場合、違う歯科医院に行くことで、担当だった先生に対し負い目を感じられる方がいるかもしれません。しかし、悪い症状が治らない場合、我慢していても問題は解決しません。当院は患者様だけでなく、他院の先生ともしっかりとタッグを組み、あらゆる角度から悪い症状の改善に努めていきます。

オールオン4ザイゴマ専門医院としての今後の展望

当院としての今後の展望は、より多くの方に「オールオン4ザイゴマ」を知っていただき、少しでも多くの方の治療のお手伝いができれば、と思っております。

ですので「一般的な矯正治療が難しく、歯並びがガタガタで噛みづらさを感じて困っている」「口腔内のご病気が原因でインプラント治療ができなくて困っている」「口腔内の入れ歯などの噛みづらさで困っている」「結構な持病があって他院ではインプラント手術を断られた」「他院でのインプラント手術後になんらかの問題があった」…こういう方がいらっしゃいましたら、相談だけでも結構ですので、ぜひ当院にお越しいただけると幸いです。

当院では今後、他の歯科医院や一般病院との連携、歯科医師同士の勉強会、地域講演会やイベントへの参加、メディア出演、院内セミナーや勉強会の充実など、多方面から歯科治療の普及に取り組んでまいります。より多くの方々と交流を深めることで、一人でも多くの方に「噛める喜び」を実感していただけるきっかけになればと考えております。

患者様の術前・術後の声

口の中が超ボロボロなので、オールオン4ザイゴマの手術がしたいな
でも麻酔が切れた後の腫れや痛みが心配…
歯や骨がない人ほど、腫れや痛みは少ないですよ
あなたはラッキー!
歯がボロボロでよかったのか…悪かったのか…

痛みが苦手で、手術に踏み切れない

オールオン4ザイゴマという治療法があるのは知ってましたが、手術中は麻酔があるのでいいとして、術後の腫れや痛みが不安で、今までふんぎりがつきませんでした。

勇気を出してご来院いただきありがとうございます。確かに、外科手術になりますので、どうしても術後は腫れや痛みが出てしまいます。ただ、個人差が大きく腫れや痛みに対処するアフターケアも万全ですのでご安心ください。

それを聞いて安心しました。痛みに弱く歯医者を避けていたせいもあって、口腔内が超ボロボロ状態に…。これでオールオン4ザイゴマの手術に踏み切れます。

お口の中を拝見しますね。…おおおっ！　超朗報です。手術後の腫れや痛みがかなり少ない可能性が高いですよ。

ええっ!?　一体なぜですか?

当院はオールオン4ザイゴマの手術に関して国内トップレベルの実績がありますが、その中で術後「歯や骨がほとんどなかった人のほうが、腫れや痛みは少ない」傾向があったんです。

そうなんですね。私も歯と骨がほとんどないので、腫れや痛みが少なそうですね。歯をボロボロにしておいてよかったです。ん?　よくはないか。

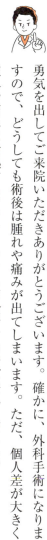

オールオン4ザイゴマという治療法自体、歯が全体的にボロボロな方向きなんです。あなたは、まさにオールオン4ザイゴマにピッタリの、理想的な方です。

歯をボロボロにしておいたおかげで、ここまで褒められて嬉しいです（苦笑）。

最新の治療法で、まだまだ治療例が少ないのですが、当院は国内トップクラスの施術実績があり、痛みや腫れなどを最小限に抑える各種ノウハウが蓄積されています。個々の状態に合わせて、安心・安全なオーダーメイドな施術を提供いたします。

それを聞いてますます安心できました。経験豊富なナルト先生の執刀なら、ますます安心です。

当院には、私以外にも麻酔の専門医など優秀なスタッフが揃っていて、チーム全員で全力で治療に当たらせていただきます。手術当日を楽しみにしていてください。

手術当日に新しい歯が入るので、恐怖よりも楽しみのほうが大きいです！

手術前の不安な声にお答えいたします

オールオン4ザイゴマは、お口の環境をたった1日で劇的に改善させる革新的な歯科治療です。

ただ、まだまだ認知度が低いせいもあってか、治療を受けられた方の術前の声として、

「オールオン4ザイゴマの手術が怖い」

「術後の腫れが心配」

「本当に歯が入るのか不安」

というような不安もいただきます。歯がボロボロ、入れ歯が痛い

などの悩みを、オールオン4ザイゴマで一気に解決したいと思っても、やっぱり未知の医療に関して心配が尽きないのです。

そこで本項では、、オールオン4ザイゴマの手術前によくいただく患者様の心配の質問などについて、これから治療を考えている方にお届けできたら、と思います。ぜひ参考にしてみてください。

オールオン4ザイゴマの手術が怖い

患者様は、歯がぐらぐら、ボロボロなのを、オールオン4ザイゴマでしっかり噛めるようになりたい、綺麗な歯並びになりたい、と思っています。人間は悩みがあれば、誰でもそれを解決したいと思うものです。患者様は皆、頭ではわかっていても、本能的に「歯科治療が怖いし、インプラント手術も怖い」のです。

それでは逆に皆様は、どのような時に「心地よい安心した気持ち」になるのでしょうか。

クラシック音楽を聴いたり、自然の景色をながめたり、ソファでゆったりしたり、ぐっすりと眠る時などは、不安や恐怖を感じることなく、心地よい快適な気持ちになる方が多いでしょう。

そこで当院では「静脈内鎮静法」という特殊な歯科麻酔を行っています。静脈内鎮静法では点滴を少しずつ落としながら、ウトウトと半分寝ているような、リラックスした状態となって治療が受けられます。この時は「痛みや恐怖というものを感じない状態」になっているのです。

また、麻酔からの目覚めも非常によいため、手術時間はおおよそ2時間程度ですが「あっという間に終わった」と感じる方が多いようです。手術が怖かったという感覚もありません。

クラシック音楽を聴きながら

手術台に乗るとなると、どうしてもドキドキしてしまうものです。そこで当院の患者様には、静脈内鎮静法に加え、さらに「クラシック音楽」を聴きながら手術に臨んでいただきます。

患者様からは術後「クラシック音楽がよかった」と多くの声をいただいています。患者様が音楽を聴きながら手術に臨むことでリラックス効果が得られることは、海外の著名な科学誌でも報告されており、効果実証済みです。これにより、さらに手術の怖さが薄まります。

手術中の痛みが不安

前述の効果もあり、術後のアンケートによると、多くの方が手術中の痛みはほとんど感じられませんでした。中には、痛みを一瞬感じられたという方もいましたが、それは瞬間的なもので、恐くなかったとのことでした。

痛みは手術中の恐怖心に直結します。術前の問診でも、患者様が最も心配されている項目です。当院では術中、リラックス状態でお休みいただいている間も、痛みに配慮して治療を行っております。お休みいただいている際も、様々な痛みに対する配慮は欠かせません。痛みの少ない場所から部分麻酔を開始したり、少しでも痛みが

腫れには個人差があります

強くなりそうな処置をする際は、あらかじめ部分麻酔を追加するなどの配慮をしております。

術後の腫れが心配

「術後の腫れや痛みはどの程度あるのか、どのくらいの期間継続するのか」という質問もよくいただきます。こちらはかなり個人差があり、明言が難しいのが実情です。

　残念ながら、術後は多くの方に腫れや痛みが生じます。その個人差について意外な点は「歯や骨がほとんどなかった人のほうが、腫れや痛みは少ない」ことです。

　なお、術後に喫煙をされると治癒経過を悪化させるため、術後の腫れが酷くなると断言できます。当院では、術前・術後の喫煙は禁止となっていて、患者様の自己管理も必要となります。喫煙は創部（手術跡）の治りを悪くし、術後感染の原因にもなります。

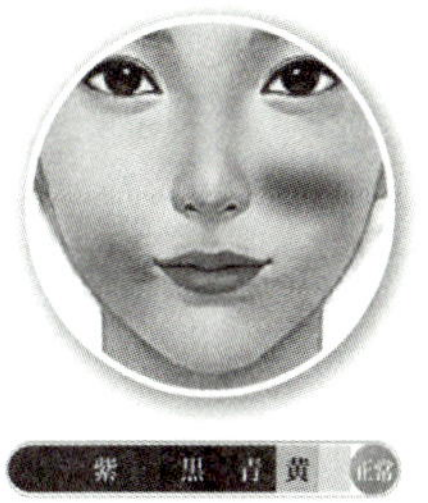

術後から2～3週で変化　　術後にアザが出る場合もあり

術後の内出血・打ち身について

オールオン4ザイゴマの術後、何も問題がなくても、翌日に内出血や打ち身が生じる場合が、約半数の方にあります。

これは、手術後の治療過程であり、ガタガタになった骨を整えるための観血的な処置となります。術後に創部を閉じるため、逃げ場のなくなった血流が血腫となり、いわゆる「内出血・打ち身」となって生じるのです。

血圧の高い方や血流がサラサラとなる薬を内服されている方、血行がよい方に生じやすいです。あくまで内出血・打ち身ですので、時間が経てば必ず消失します。おおむね2~3週間程度です。

本当に歯が入るのか不安

患者様の中には「他院での失敗した症例」を持つ方も少なくありません。なので本当に歯が入るのか不安だったり、いつになれば歯が入るのか、と質問される方も多数おられます。当院のオールオン

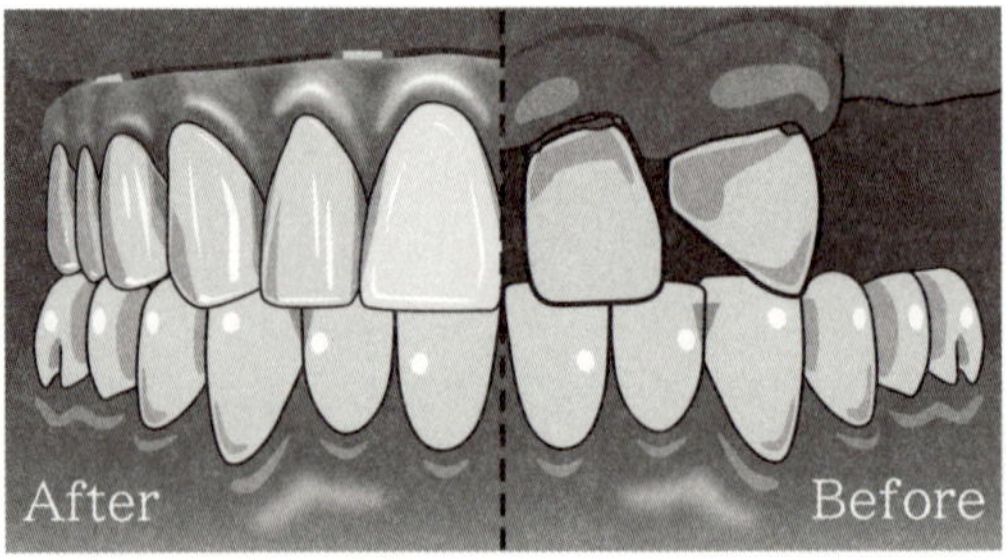

歯がボロボロでも1日で
歯が入ります

4ザイゴマは、手術日当日に歯が入りますのでご安心ください。

ある方は、他院にて「造骨してはインプラントを入れる」という治療計画を続けてこられました。造骨すると半年の待機時間があるため、気付けば3年も経っていたそうです。いつまで経っても治療が終わらず、前に造骨してインプラント治療した部位の、インプラント冠とインプラントが外れた時に「心も折れた」とのことでした。

他院のインプラントが脱離した場合も、当院では1日で上下とも綺麗にインプラントのやり直しを行っています。

オールオン4なら、上顎もしくは下顎でおおむね2時間程度。上下顎でおおむね3・5時間程度で手術は終わります。早く終わる場合は、上顎で1時間半、上下でも3時間を切る場合もあります。手術は急ぐことなく丁寧かつ迅速に行いますが、手術時間が短いほど患者様の負担は少なくなります。

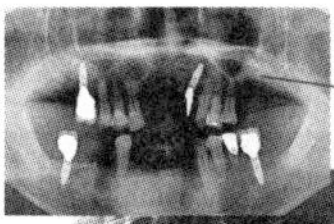

感染によりインプラント脱離

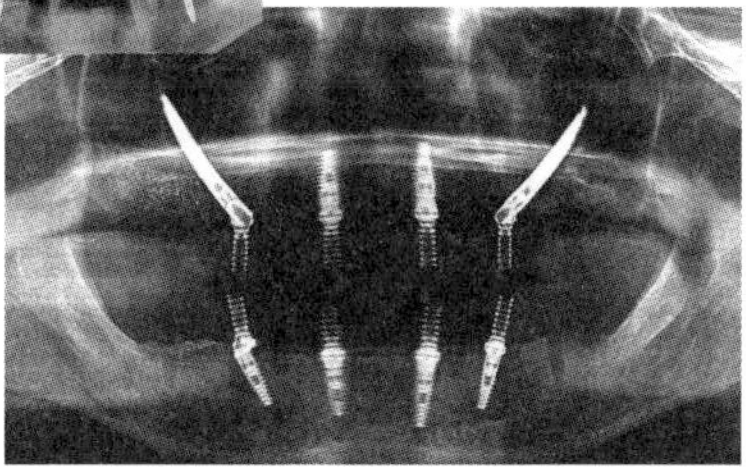

他院の失敗ケースでも
リカバリー可能

スタッフ全員で全力でフォロー

どのような手術であっても、どうしても不安や緊張を伴ってしまいます。そのような患者様の気持ちにできるだけ寄り添い、安心していただけるような医療の提供を当院は目指しております。患者様がよりリラックスできるようスタッフ全員で、手術前はもちろん、手術当日は来院時から帰宅後まで、しっかりとフォローさせていただいております。

皆様、オールオン4ザイゴマの検査から手術、本歯の製作、オーラルケアに至るまで、わからない点が次々に生まれると思います。ちょっとしたことでもお気軽に、いつでも質問しやすい、納得して安心できる環境作りを心がけています。

患者様の中に「ブログや動画でスタッフ皆の仕事ぶりを見ていたので、オールオン4ザイゴマの手術が楽しみだった」と言われた方もいました。私たちは術者だけでなく助手や麻酔医、コメディカル

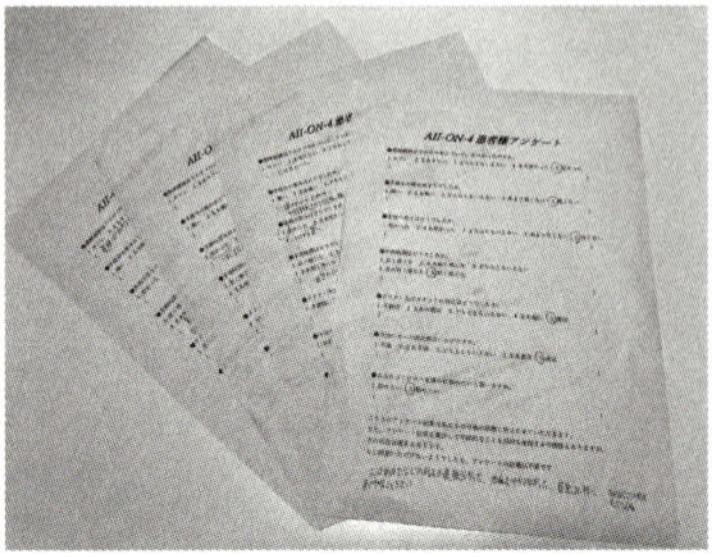
当院で使用している
アンケート用紙

まで含め、チーム一丸で手術と治療に臨んでいますので、とても励みになる一言でした。

おかげさまで、手術を受けられた患者様の多数から、家族や友人に勧められ、紹介していただいております。当院では、まだまだ認知度の低いこの治療法を多くの方に知っていただき、一人でも多くのお困りの方のお力になれればと思っております。

当院はオールオン4ザイゴマの治療実績で国内トップクラスとなります。実績も含め、少しでも不安感が安心に変わってくれれば幸いです。

おわりに

この本を手に取って読んで下さった皆さま、本当にありがとうございました。「オールオン4ザイゴマ」「ザイゴマインプラント」という聞き慣れない歯科技術が、かなり身近に感じられるようになったのではないでしょうか。「オールオン4ザイゴマ」という選択肢があることを知るだけで、あなたの人生の可能性は大きく広がります。

実は私、尊敬する指導教官の影響もあってかなりの筆マメで、8年前からブログ、近年は動画（Youtube、TikTok）を中心に「オールオン4ザイゴマ」に関する発信を続けております。私はオールオン4ザイゴマだけでなく、歯科治療に関するブロガー、ユーチューバーの第一人者でもあったのです（笑）。

私のような専門分野を発信しているユーチューバーの動画を見ていると、画面の左下にその方の著書が飾ってあり「かっこいいな」と思ったのが、この本を出版しようと思ったきっかけです。人気ユーチューバーは皆、最終的に本も出しており、私もブログや動画を続けて8年を超え、今まで発信してきたものを一度、本にまとめてみようと思った次第です。

また、オールオン4ザイゴマの施術を受ける方は、50代の女性が多く、書籍にすれば、この層の方によりリーチできるのではないか、とも思いました。人生１００年時代と言われますが、50代はちょうど折り返しのタイミングです。子育ても終え、これから「本当の自分」を生きていこうする時「最高の歯」を手にできれば、後半の「人生の質」は格段に上がることでしょう。

なお、本を出した理由はもうひとつあり、自分自身に与えられた「宿命」を形にしたかったのです。オールオン４ザイゴマの施術は、体力、集中力など、相当なエネルギーが必要で、私自身が執刀できるのは、せいぜいあと20～30年でしょう。私が第一線を退く前に、もっと世に「オールオン４ザイゴマ」を広め、認知させると同時に、最高の技術を持った後進を育て、また他の歯科医院のオールオン４ザイゴマの技術力アップも援助・応援したいのです。超高齢化社会も、オールオン４ザイゴマがより昇華して普及すれば、口の中は「永遠の現役世代」になるのです。

最後に、私を一人前の歯科医師に育ててくれた両親やおばさん、恩師や先輩の方々、いつも私を支えてくれる家族やスタッフの皆さん、出版の機会を与えてくれたかざひの文庫さん、感謝の気持ちでいっぱいです、ありがとうございました。そして読者の皆さま、まだまだ進化を続ける私と「オールオン４ザイゴマ」を、今後もブログや動画で応援し続けてください！

２０２５年４月　大多和徳人（ナルト先生）

CLINIC DATA

医院紹介

医療法人香和会　おおたわ歯科医院
ALLON4 ZYGOMA CLINIC
ZAGAセンター福岡

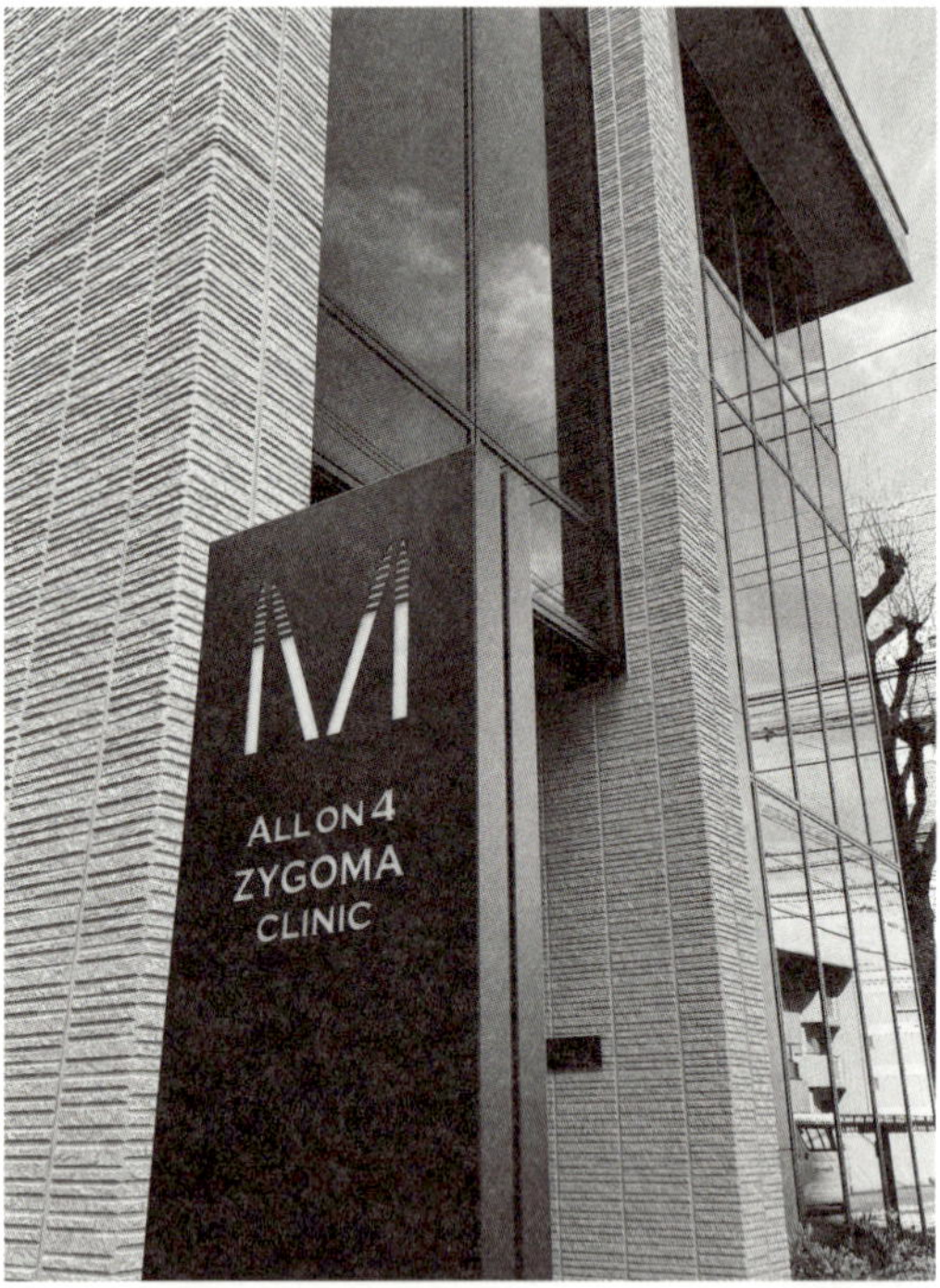

DATA

福岡市南区大楠３丁目22-5
TEL 0120-118-372
診療時間　月〜金 9:00〜18:30／土 9:00〜18:00

オールオン4
ザイゴマクリニック
公式サイト

おおたわ歯科医院
公式LINE

ALL ON 4 ZYGOMA

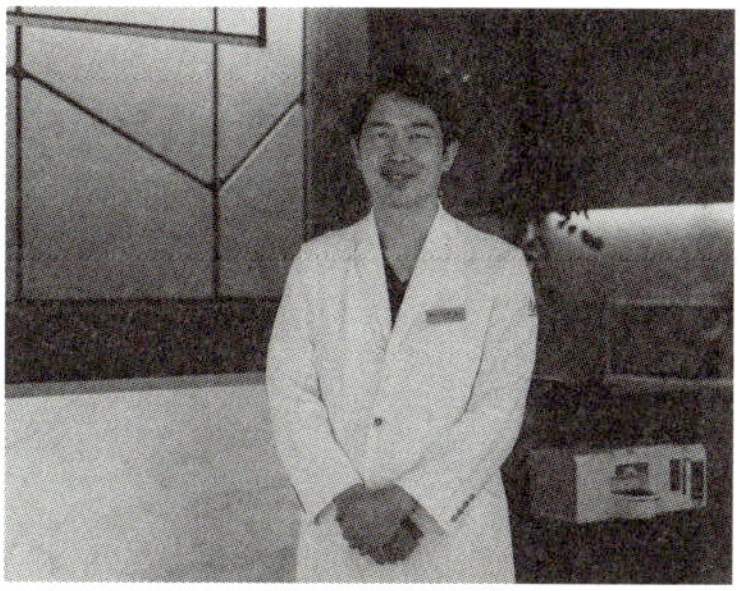

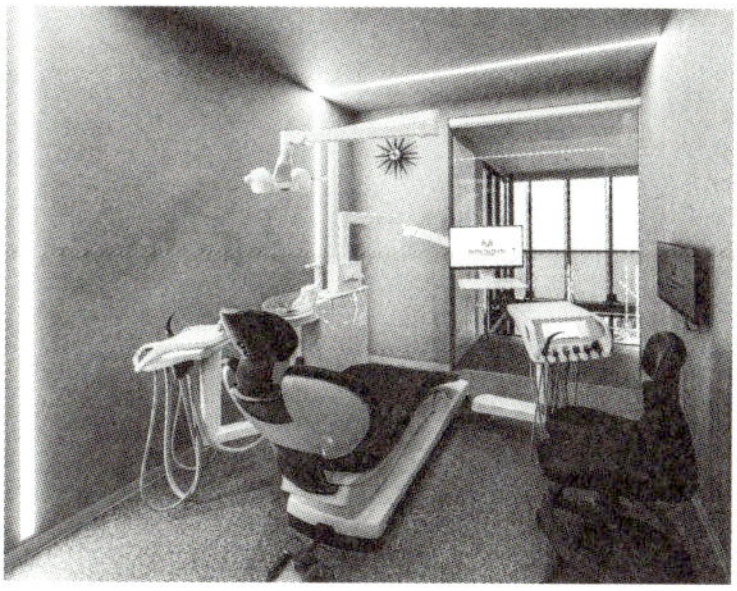

大多和 徳人
(おおたわ　なると)

おおたわ歯科医院理事長。オールオン４ザイゴマクリニック院長。九州大学歯学部卒。急性期病院にて口腔外科を専門とし、数々の症例を経験していくなかでオールオン４・ザイゴマインプラントの治療技術と出会う。この難易度の高い治療法を習得し、世界トップレベルの歯科医師と認定され、ZAGAセンター福岡センター長に。現在は、（一社）ザイゴマインプラント協会理事としてEZ４コンセプトに基づく「オールオン４ザイゴマ」治療を啓蒙しながら、年間約200件にも及ぶ「オールオン４ザイゴマ」手術を担当している。プライベートでは3人の子どものパパ。子どもと一緒にしょぼい山の登山（笑）をするのが楽しみ。好きな旅行先は沖縄。ジャッキーステーキとキングタコスがお気に入り。趣味は分解と修理と改造で、子どもの頃から続いているライフワークである。

公式YouTube
ナルト先生@ザイゴマch

歯《し》科《か》医《い》療《りょう》の最《さい》後《ご》の砦《とりで》
「ザイゴマインプラント」
口《くち》の中《なか》の不《ふ》安《あん》がすべて解消《かいしょう》して、人生《じんせい》が変《か》わる！

大多和《おおたわ》 徳人《なると》 著

2025年5月6日　初版発行

発行者　磐崎文彰
発行所　株式会社かざひの文庫
〒110-0002　東京都台東区上野桜木2-16-21
電話／FAX 03(6322)3231
e-mail: company@kazahinobunko.com
http://www.kazahinobunko.com

発売元　太陽出版
〒113-0033　東京都文京区本郷3-43-8-101
電話 03(3814)0471　FAX 03(3814)2366
e-mail: info@taiyoshuppan.net
http://www.taiyoshuppan.net

印刷・製本　モリモト印刷

編集　榎枝幸子
装丁　藤崎キョーコデザイン事務所
イラスト　朝風夏生

ISBN978-4-86723-195-1